U0919432

揭开百年企业的长寿秘诀

经营企业
就是经营自己

李　冬◎著

中国财富出版社

图书在版编目（CIP）数据

经营企业就是经营自己 / 李冬著. —北京：中国财富出版社，2019.3
ISBN 978-7-5047-6869-8

Ⅰ. ①经… Ⅱ. ①李… Ⅲ. ①企业经营管理 Ⅳ. ①F272.3

中国版本图书馆 CIP 数据核字（2019）第 036861 号

策划编辑 刘瑞彩 谢晓绚 **责任编辑** 周 畅
责任印制 梁 凡 郭紫楠 **责任校对** 刘瑞彩 **责任发行** 董 倩

出版发行 中国财富出版社
社　　址 北京市丰台区南四环西路 188 号 5 区 20 楼 **邮政编码** 100070
电　　话 010-52227588 转 2048/2028（发行部） 010-52227588 转 321（总编室）
010-52227588 转 100（读者服务部） 010-52227588 转 305（质检部）
网　　址 http://www.cfpress.com.cn
经　　销 新华书店
印　　刷 北京京都六环印刷厂
书　　号 ISBN 978-7-5047-6869-8/F·2996
开　　本 710mm×1000mm 1/16 **版　　次** 2019 年 5 月第 1 版
印　　张 12.25 **印　　次** 2019 年 5 月第 1 次印刷
字　　数 180 千字 **定　　价** 45.00 元

自 序

经营企业不是经营别人，而是经营自己

都说穷人的孩子早当家。

童年经历过的种种苦难，青少年时代的挫折，每个场景似乎都历历在目，当年看似不能承受的苦难，如今经历过才知那都是成长。正是因为经历过这些事，我今天的心态成熟了，同时我有勇气提起笔把关于自我经营、心态塑造等方面的经验，多年的企业咨询管理工作经验，以及深入企业的培训实战课程收获分享给大家。

起初为事业打拼的我总是陷入各种困境，但遇到困难时，我告诉自己“一切都是最好的安排”；别人诋毁我时，我告诉自己“凡事的发生必有利于我，并能帮助我达到成功”；即将成交的客户跑单时，我告诉自己“没有失败，这只是暂时停止成功”；不愉快的事情发生时，我告诉自己“一定要有好的心态”。

做人、做事如此，经营企业亦如此。这是我为什么决定从经营企业的源头——企业家自身出发，和大家一起探寻百年企业的长寿基因，破译企业家引领企业持续成长的密码。

在企业的生命周期中，我们常常需要做出困难的决定，以开始下一个新的征程。

例如，我们必须将陈旧的制度、不良的习惯和过时的理念彻底抛弃。这意味着我们可能要抛弃一些过往支持我们成功，如今却已阻碍我们前进的东西。

尽管这个蜕变的过程极其痛苦，但为了企业的生存，为了实现目标，我们必须经历这个过程。

我认识的许多企业家朋友都认为，经营企业很简单，把手下大大小小的部门、员工都管理好就行了。虽然经营“人力”是经营企业的重要一环，但比这更重要的是，**经营企业不是经营别人，而是经营自己。**

一家拥有不到20个员工的小企业，已经成立3年，却只有三五个客户。

企业的老板是个典型的工作狂，每天早出晚归，亲自外出谈合作，公司员工几乎每天都见不到老板的身影。后来，由于企业经营良好，业务发展迅速，员工队伍也不断壮大。但老板和员工还是经常有种“缺人手”的感觉。

要知道，平日里员工加班加点，甚至连周末、法定假日都不休息。常常员工手里的项目还没有做完，只要老板一个电话，他们就又被派去运作其他新项目，风雨无阻。

久而久之，员工的抱怨与日俱增：现有的业务都做不完，为什么老板总是拼命地拉客户？有的员工直接去给老板提建议、找老板理论，反映工作压力大，业务做不完，但都无济于事。

后来，该企业的一名员工自己创业，这才深深地理解当老板的难处，原来，要经营好企业是那么难。

其实，对于大部分企业家而言，最令其恐惧的不是业务做不过来，而是没有业务。

很多员工觉得当老板很厉害，比如马云，始终都那么自信。殊不知，企业家的内心也有恐惧、也很脆弱。因此，如果你想要成为一名卓越的、一流的企业家，首先要经营好自己，其次才是经营好企业、引领行业。还有一个很重要的部分，就是你要通过自己的力量，培养你的员工，将员工打造成企业的可靠、可用之才。如果你不能带领自己的员工，让员工成长，那么你恐怕没有任何成长。

一家企业真正的竞争力源自企业在市场中的成功，而这个成功本身需要你和员工做出巨大的贡献。说到底，你和经营是相关的。当今很多企业家，和经营基本没有关系。一个不懂得经营的企业家，是企业管理成本最大的浪费。这也是我将这些年来的经验写成本书的初衷。很多人问我：“李冬老师，你每天睡那么晚，起那么早，不累吗？”其实你不知道，我随时随地在想办法，让我的每一位合作伙伴业绩倍增，帮助更多的人成功。大家获得成功，是我想想都兴奋的事。

经营企业就是经营自己。

企业家把自己经营好的同时，还要学会凝聚企业员工的力量，这是长久而艰巨的任务。企业家应该重视并引导员工尽快成长起来，保持与企业同步发展。

经营企业先经营自己。

企业家把自己经营好了，企业自然就经营好了。

经营自己，是要做一个匠人，就好像把自己打磨成一个“产品”。至于这个“产品”如何定义，就要看你具备什么样的价值，想要成为什么样的企业家了。

经营企业和经营自己一样有风险，一家企业经营不当可能会亏钱，一个企业家经营不当可能名声扫地，从此销声匿迹。

无论经营企业还是自己都是学问，没有规划就经营，往往会遇到意想不到的阻碍和困难。

如果要问“经营企业和经营自己之间有什么联系”，不确定性是企业和个人的极大挑战。工作的不顺、交际的烦恼等，一切经营管理带来的挑战，你只能迎难而上。

而本书就是你在迎接挑战路上的“盔甲”，它能唤醒企业家经营自我的意识，解答“为什么要经营自己”“如何经营自己”“经营自己对经营企业的好处是什么”三大问题。令你在此基础上，把自己经营好，再经营别人，经营企业。

我们曾经付出的一切都不会白费，时间会很好地记录这一切。愿本书能成为各界企业家朋友经营自己的导航伴侣，并将所得经验嫁接到企业运作中，最终收获一套适合企业发展的管理思想和经营办法。

李冬

2019 年 3 月

目 录

PART2 【领导他人】把自己经营好的同时，凝聚员工的力量推动企业提质增效

PART1

【经营自己】企业家经营好自己是做好一切事情的基石

很多企业家朋友说："经营企业就是经营人。"实际上，在把自己经营好之前，你永远都经营不了别人。换句话说，经营企业不是经营别人，而是经营自己。

在呼唤工匠精神的今天，经营自己不只是"管好自己的一亩三分地"那么简单。那些为了名利而不择手段的企业家，再怎么经营也无法给世界留下传世精品，更无法在历史上留下自己的痕迹。唯有恪守匠心，才能真正在经营企业的过程中由内而外散发出企业家的光芒。

企业——企业家"自我"的一种外在表现形式。经营企业，本质上是经营企业家自己。如果"自我"出现问题，无论旁观者采取何种办法，都难以从根本上解决问题。

一家成功的企业离不开一位优秀的企业家。而成功，通常是企业家从自我的内在追逐开始的。因此有什么样的企业家，就有什么样的企业。企业家若想走出迷局，获得成功，首先就要经营好自己；否则，企业恐怕只能遭遇"短命"的结局。

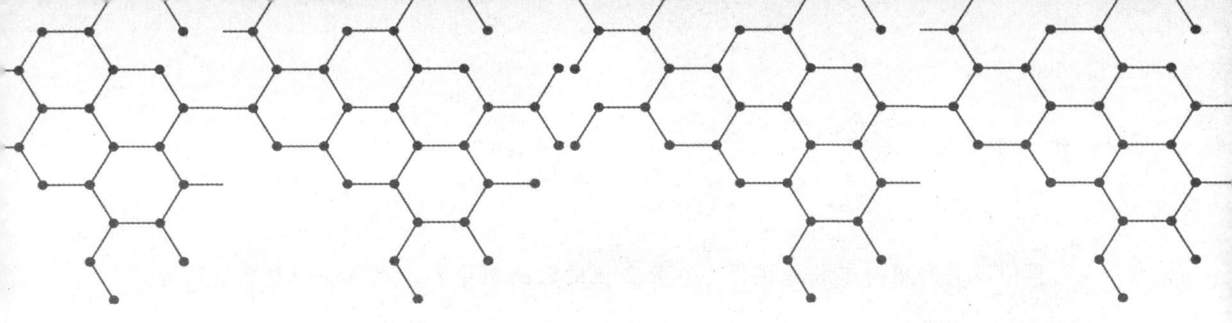

第一章
为什么要经营自己：企业家和企业“同坐一艘船”

中国民营企业之痛：襁褓中夭折、崛起中衰败

2018 年 1 月 27 日，浙江上虞的第一场雪夹杂着寒冷的冰雨姗姗来迟。

比这股冷空气更令人不寒而栗的是三天后的大事件——2018 年 1 月 30 日 17 时，周建灿坠楼身亡。

一时风光无限的巨无霸企业金盾集团的董事长的纵身一跳，揭示了中国民营企业，尤其是实体企业的剧痛。

金盾集团于 2014 年年底创业上市，至周建灿坠楼的一刻，不过三年多光景。一位传统企业家的悲剧引起多方关注，关于周建灿之死，流言四起。官方说法为“抑郁症致死”。但仍有一些打过交道的同行认为是投资乐视失败导致的，更有多数人认为是公司近百亿元的负债导致他想不开走上了绝路。

周建灿自杀的原因或许就此成了未解之谜，但一个不争的事实是：金盾

集团没有健康、平稳地运行，作为企业的最高领导者，周建灿一直被巨额资金压力缠身，他终于在熬不下去的某一天想不开了，离开了人世。

背靠市值 90 多亿元的公司，周建灿和其子持有将近 20% 的股份。金盾集团 2017 年的财报披露，尽管公司处于四处融资、质押部分股票的状态，但尚不至于资不抵债，在大部分人眼里，选择轻生实在没必要，就算不能富贵，也该平安。金盾集团当前的处境和未来发展不容乐观，而这位企业领袖的离开，最终只留下遗憾和唏嘘。

其兴也勃焉，其亡也忽焉。

企业家和企业同坐一艘船，同生死、共存亡。

金盾集团只是中国万千民营企业之痛的一个缩影。

纵观我国民营企业，有一个奇怪的现象：我国每年的新生企业如雨后春笋般疯狂崛起，而经营不善的企业又如大厦倾颓般轰然倒塌。民营企业的“新陈代谢”之快令人咋舌。据统计，我国每年诞生近 20 万家企业，约有 15 万家企业走向衰败。这意味着每小时就有十几家企业面临倒闭。我国民营企业的平均寿命不到四年，很多民营企业在襁褓中就不幸夭折了。可以说，我国许多民营企业不断上演着创立、崛起、衰败的命运三部曲。

问题究竟出在哪里？

客观来说，我国民营企业“短命”，比较公认的原因主要有几个方面：产品、品牌、市场、技术、资金、政策以及企业家素质等。

暂且抛开各种外部因素，中国大部分企业家不缺能力、精力，唯缺经营之道，企业多数是因为企业家自身出了问题，对企业的运作也不得要领，才很快就进入了死循环。

反观国外许多知名企业，如花旗银行、宝洁、福特、波音等都有上百年的历史。时至今日它们依然有序、平稳地发展，经久不衰。

未来，中国的企业能不能像国外知名企业一样长寿？这也是本书要探讨和帮助中国企业家解答的疑问。一个健康发展的企业，它的财务运作应是正常的，产品应是优秀的，员工应是出色的，领导应是英明的，企业体制应是符合客观发展规律的。也只有这样的企业才有资格不断成长为更有实力和竞争力的百年企业。

【冬鉴良言】

民营企业，这个在中国大地最早出现于20世纪80年代的事物，自诞生以来就饱经风霜。随着改革开放的深入，它不仅成了中国经济市场上的璀璨花朵，还推动了中国民营经济的稳步增长。

然而，近几年的中国民营企业，不断上演着一幕幕悲喜交替的经济话剧——如雨后春笋般崛起，又如秋风扫落叶般消亡。

企业家在亲眼见证民营企业“过山车”式的命运时，是否也该深入反思：原因何在？企业衰败与“我”有什么直接联系？“我”应该怎样引导企业走向光明……这不只是茶余饭后热议的话题，更应该成为企业家研究的重要课题。

企业家普遍存在的不良心态

正人先正己。一个人行为出了问题，通常是其心理先出了问题。我国的民营企业家普遍存在的不良心态是，**盲目心态**。

这类企业家的代表是在事业上有着大起大落的史玉柱。

创业早期，史玉柱凭借巨人汉卡和脑黄金迅速发展，然后不到十年因为巨人大厦的“倒塌”而跌入谷底。经过几年的蛰伏，史玉柱终于凭借脑白金和“征途”重新崛起。

从一无所有到亿万富翁，又从亿万富翁到一无所有，再从一无所有到亿万富翁。沉浮的经历给史玉柱的创业故事添上了几分神秘色彩。但就是这样一位成功的企业家在经营企业方面也曾有四大失误（见表 1–1）。

表 1-1　“巨人史玉柱” 在经营企业过程中的四大失误

盲目发展	发展过程中盲目追求速度：从 1995 年的 10 亿元到 1996 年的 50 亿元到 1997 年的 100 亿元——目标越大，风险也就越大，盲目地追求发展速度以致损失惨重
过度多元化	巨人集团发展过程中涉及领域的跨度非常大，包括地产、电脑、保健品，但是它在每个新进入的领域都没有自己的独特优势，急于扩张导致资金被套牢，财务危机引致巨人大厦乃至整个集团轰然倒塌
决策乏力	董事会形同虚设，史玉柱的个人股份占 90% 以上，其他成员因为没有什么股份，决策时也很少坚持自己的意见。当企业缺乏集体决策机制，没有人愿意去纠正企业家的错误时，这个企业的运营是相当危险的
忽视技术创新	巨人集团的辉煌离不开早期的各种软件系统。但当电脑市场步入低谷期，史玉柱却忽视了发展制胜的关键技术创新，以致业内对这些系统反应平淡，这些系统自然没有什么销路

简单来说，在史玉柱早期经营企业的过程中，盲目追求发展速度是他最大的失误。当然，从创业到成功，从膨胀到挫折，史玉柱没有放弃，后来他通过脑白金、电脑游戏、收购银行股权三大主营业务实现了再创业的辉煌。曾经的巨人并未倒下，只是今天的史玉柱褪去了曾经的浮躁、张扬、冒进，变得更加踏实、低调和稳健。

不同企业的长远发展，往往有其相同的特点。

万科堪称我国最具品牌影响力的房地产企业。其主要发展理念可以概括为以下四点。

做简单而不做复杂；

做透明而不做封闭；

做公平而不做暴利；

做规范而不做权谋。

从经营科仪、进出口到万佳百货超市，再到怡宝纯净水、住宅精品房，王石始终坚持：利润超过25%的项目不做；不走灰色途径，所有土地资源一律经由竞拍获得。

再看华为，它目前是我国最大最强的通信科技企业。其企业发展定位是世界一流的通信设备供应商，拥有自主知识产权。其发展理念是要么不做，要做就最大限度地集中人力、物力、财力，实现重点突破。

不仅如此，总裁任正非一直强调居安思危，告诫自己和华为人要如履薄冰。他还制定了《华为基本法》，这是一套关于产品定位、企业战略、管理制度等以人为本的规定，华为全员参与培训、统一思想，逐渐形成了自己的企业文化。

万科和华为这两棵“常青树”的共同点是：

（1）定位清晰，目标专注。

（2）企业经营制度化。

（3）拥有深厚的企业文化和强烈的创新精神。

这些凸显的无疑是万科、华为领导者——王石、任正非这两位企业家的健康心态。他们都是很自如地让企业前进。

经营企业的本质：经营自己

有人认为，中国的市场，机会丛生。企业家只要抓住机会就能撬动成功杠杆。因此，企业的发展思路往往被企业家们简单化为“抓机会”，于是许多企业家不停地寻找机会。然而，机会有时给企业家带来的不一定是成功，而是自我迷失，企业也因“掌舵者”不明方向而偏离了正确的发展道路。

广东省中山市历来以“一镇一品”发展著称，而沙溪镇的红木家具市场规模大、品类全。在这个行业里有一位待人实诚，认真对待身边每一个人的实干型企业家老郭。

十几年前，老郭从事废品收购的生意。据老郭自己描述，那时每天的日常工作状态可以用“脏、乱、差”来形容。最终能确保一定盈余但是也没有赚大钱。正是这些磨炼意志的经营，沉淀了老郭诚信、踏实的品格。

逢年过节，小镇上格外热闹，人气爆棚，外出做生意的人们纷纷回到镇上。老郭认为这是一个做生意的契机。几经考察下，老郭在当时红木家具业内资深生意人朋友的带领下，踏出了经营红木家具的第一步。

然而，市场的变化总是充满不确定性，2015 年刚入行的老郭就遭遇了业内的寒冬。价格虚高、利润泡沫一下子打破了原本盈利的红木家具市场，一家又一家企业因为缺乏诚信，最终支撑不住而倒闭。诚信经营的老郭是幸免者。

2017 年，行业重新洗牌，最终坚持下来的企业大多是诚信企业，无论是成本还是价格都趋于理性，红木家具的质量也有所提高。

老郭明白，只有把品质做好，守住匠心，企业才能长久发展。

“老郭，我就认定了你！”客户们纷纷这样笃定地对老郭说。

有效的经营，是“诚实待客，诚信立业”。如果客户说出“我就认定了你”，这不只代表你收获了一种信任，也代表了他人认定你的人格和品质。而这句话需要企业家四平八稳、实实在在、一步一个脚印才能够换取。

《伟大是熬出来的》一书写道：

过去，我们总以为伟大是领导别人，这其实是错的。当你不能管理自己的时候，你便失去了所有领导别人的资格和能力。当一个人走向伟大的时候，千万先把自己管理好，管理自己的金钱、周边的人脉、社会关系，管理自己的行为。当你管理好了自己，能自律，能守法，那么很多美德就随之而来了。

“自制力”面前，“领导力”只是附属品。

在这以后，你才能取得当领导的资格，并成为组织中最好的成员。其他成员多少都会有些放纵，但是因为你是最优秀的，所以大家信任你，敢把命运寄托在你身上。

因此，伟大首先在于管理自己，而不在于领导别人。

【冬鉴良言】

企业的发展，既源于企业家对过去的理解，也源于其对未来的判断。做出正确选择是企业家需要做的。如何选择才能终结“短命”的悲剧？一千个读者，就有一千个哈姆雷特。答案虽无定论，但我们始终坚信，唯有“掌舵者”的心态健康，把经营自己当作一生的追求，守住匠心，“航船”才不会迷失方向，企业的未来之路才会因此充满光明。

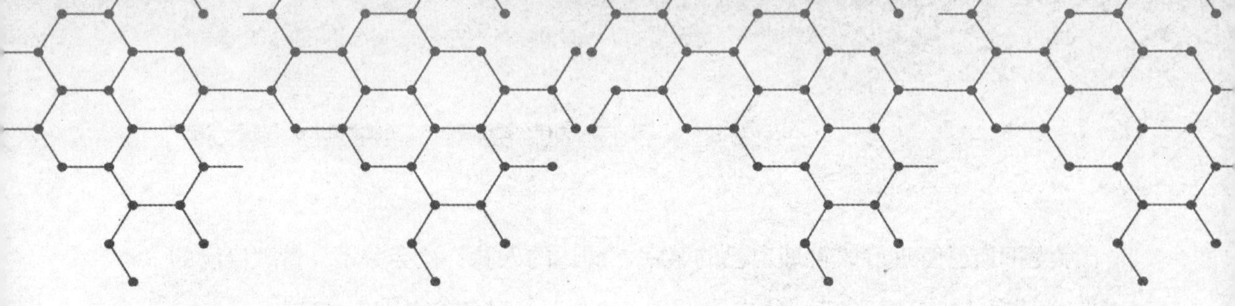

第二章
如何经营自己：
经营自己就是经营人心，经营人心就是经营员工对你的信任

用健康的心态正确认识你自己

经营自己，首先要经营好自己的心态。许多企业家对自己没有正确的认知，遇事自己先崩溃了，又怎能理性地管理他人？

我身边有不少企业家朋友总是很感慨：“一天下来真是太忙了，甚至忙到没有了自己……”

企业家常常难以集中时间和精力思考或处理计划中的琐事。最常见的情景是：

原计划到办公室处理某件事，结果半路就被某部门员工拦住去解决另一件事；好不容易来到了办公室，结果发现等在那里的下属一波接一波……就这样，日复一日，企业家总是忙于琐碎的临时事务。还有一些人在实际经营企业的过程中，习惯靠个人打天下，事必躬亲。在他们看来，保持对企业 100% 的经营控制权，比企业的发展更重要。

实践证明，企业家的个人英雄主义行为在企业形成规模后会带来巨大的隐患。

在企业初创阶段，或许强人统治还能够奏效，若将这种经营风格套用在已进入产业成熟期的中小企业上，就不一定行得通。企业家武断专行的风格曾导致许多企业领导层出现缺位，企业家离任后经营全面下滑。

还有一部分民营企业家视“面子”如金。

在公众面前，他们不愿透露企业存在的问题，也不愿意被人指出他们的错误。远贤人、近小人；喜欢奉承、讨厌批评；出尔反尔、言行不一——这些是许多中小企业家的人格特征。

纵观我国近年来中小企业的发展历程，成功的企业家大有人在，但昙花一现者也不胜枚举。当然，企业家们失败的原因是多方面的。但这些失败者往往都有一个共性的问题——**企业家未能克服自己的人格障碍，纠正自己的不良心态，最终未能超越自我。**

其实，大部分企业家并不是没有成长，而是没有找到自己的方向，缺乏自我改变的决心。经营企业是个漫长的过程，企业家不仅要保持生命之树常青的心态，还要坚守匠心，全面调节好自己的身心状态。

在我看来，一个优秀的企业家应具备的良好状态如表 2-1 所示。

表 2-1　一个优秀的企业家应该具备的良好状态

有上进心
时间观念强
有一定的企业运作基础意识
熟悉公司标准规定等条款
良好的心理素质
熟悉运作流程
良好的沟通能力，组织、统筹、协调能力强
具有多样化的企业经营方式与技巧
强大的逻辑能力、思维能力、辨别能力、应变能力
处理问题游刃有余，综合能力强，具有全局观

续表

原则性强，具有爱心、帮人之心
以身作则，灵活处理稽核问题
有一定群众基础和威信，认同度高
富有激情、积极主动、执行力强、雷厉风行
敢于发现和暴露问题，具备敢说真话的胆识和勇气
处理问题客观公平公正，不偏不袒，正直正气，没有私心
开朗乐观，理解宽容，具备抗挫折能力、持续的健康心态，切忌情绪化
永葆学习心，不断自我突破，改变自己，敢于否定自己

【冬鉴良言】

“今天的状态，是由我们5年前的决定所决定的，而我们5年后的状态是由我们今天的决定所决定的。”

这些年，这句话一直深深鞭策自己，从我实习起，我就确定了自己的目标。经营自己就是经营自己的人生，就是经营自己的心态，自己的心态健康了，才能引导企业文化、驱动价值沉淀。

用公平的方式善待你的员工

改变企业经营不利的现状，提高企业经济效益，这是所有企业家的夙愿。然而，许多企业家在心系企业发展的问题时，一味地重视和强化企业的控制力，却忽视了企业员工，人不聚，心不齐，这就为企业的持续发展埋下诸多隐患。

经营企业是一场心与心的交易，请善待你的员工。

企业家首先要改变自己看待员工的眼光：员工究竟是你赚钱的工具，还是企业的发展资本？经营企业其实就是一种交易，只不过交易的双方，不再是企业家与员工，交易的主体变成了企业与员工，而企业家在这场交易中只是纯粹的搭台员。这场心与心的交易要想实现双赢，就必然要求双方"以心交心、将心比心"。企业家不是站在自己的立场对待自己的员工，而是要以一个整体的、长远的发展观点来看待企业和员工的发展。

经营人心的最好的方法是以心交心，真诚、友善、公平地对待你的员工。

这里所谓的公平不仅体现在绩效考核、内部竞争、利益发放等物质方面的奖励。企业家要做的更多是从精神上肯定、激励、引导员工，最大限度地给予员工更大的发展空间，让员工成为企业的主人翁，在工作的同时感受到自己被尊重、被信任。企业家只有以尊重人性的方式来经营企业与员工的关系，才能让员工感受到企业大家庭的温暖和关爱。员工也才会心甘情愿为企业付出。

希望那些还在抱着赚钱不放、唯利是图的老板及那些还在把经营企业当作玩政治、摆弄权术之道的企业家，能公平、真诚、友善地对待员工、下属，让员工自愿受约束、受控制，而非一控就散、一控就走。企业家要自我反思，改变思维方式，改变自私的本性，不一味地追求高绩效，在关注企业发展动向的同时，关心员工。

经营企业就是经营人心，企业家若能时刻自省，良善待人，公正公平处事，对员工以感恩之心相待，最大限度地保护其利益，那么即使在未来企业面临危机时，也没有过不去的坎儿，更没有完不成的目标，没有做不大的事业。

要想和员工交心，企业家们不妨尝试从以下几个方面着手。

1. 鼓舞人心

给员工布置工作是大部分企业家的工作任务，但如果员工没能成功完成布置的任务，也不要妄加指责，失去对员工的信任，给员工机会，鼓励他们重新振奋既是企业家的责任，也是员工成长的砝码。

2. 关爱下属

这一点不言而喻。管理下属是经营企业的一部分。如果企业家自己都不能对员工关心备至，对员工的工作适当地给予肯定，让员工在工作的过程中充满信心，恐怕员工也不会对你有太多好感。试着打开封闭的心门，做个易于员工接近、有亲和力的企业家。

3. 理性周到

权力的诱惑总是让身居高位的企业家忘掉“理性周到”这四个字。何谓理性？遇事少一些刺耳的责骂、多一些委婉的话语；少一些极端的羞辱，多一些耐心的倾听。当然，企业家也有冲动之时，只是当你急切希望完成工作之时，便容易失去耐心，或根本不考虑他人的感受。毫不理睬别人的建议，低估下属的工作成绩，甚至在同事面前羞辱他们，这些都应极力避免。

4. 公正无私

安排工作、增薪晋级、总结业绩、雇用员工、解雇员工……无论何时，你的任何决定都将影响整个企业。

因此，讲求公正无私极为重要。如果你总是给特定的几位员工加薪，这只能让其他员工感到不满。当一位员工无辜受冤时，集体的士气也会受到影响。当员工犯错误时，应该让他知错认错，而不是耿耿于怀。犯错误也是学习的良好机会，切不可把它视为伤害员工自尊心的靶子。

【冬鉴良言】

何谓善待员工？这个问题并不难回答，只是企业的领头羊一定要清楚自己的员工最需要的是什么。

员工将自己的前途甚至一生都托付给企业，无微不至的关怀，工作带来的物质保障和满足感，这些都可能是员工需求的一部分，但不是最核心的。

对企业家而言，善待员工不仅仅是尽可能满足员工的需求，同时也要有科学严谨的流程和规章制度，以此去约束员工，最大限度地挖掘员工的优秀品质和工作潜能，逐渐引导员工认同企业的文化和愿景，从而明确自身的成长方向和目标，激发工作的活力和主动性。这样才能推动员工成长，为企业沉淀最大的价值，这也是善待员工的最高境界。

用正确的思维经营你的企业

既然经营企业的核心是经营人，而经营人的核心是经营人心。那么，经营人心就要回归原点思维。简单来说，就是“以正确的方式将正确的事情贯彻到底”。

我国从不缺少聪慧过人、精明能干的企业家，但未能精于管理的也大有人在。他们并非身上不具备管理能力，而是有一个共同的弱点：管理思维匮乏。经营企业，先尝试改变自己的管理思维模式，才是真正解决企业管理和发展难题的根源。

站在企业管理咨询的角度，关于如何改变自己的思维模式，或者说引导企业家以更加科学、正确的思维经营企业，我有几点与大家分享。

1. 先确定什么是管理以及企业当前处于管理的什么阶段

不管企业家是什么文化水平，都应该尝试学习专业的企业管理知识，只有知道自己的问题所在，才有改变的可能。

我身边有许多企业家朋友读了工商管理硕士（MBA）类的课程，但这些课程能否真正应用到自己的企业，答案一目了然，可能应用的部分达不到10%。这是因为课程当中所讲的案例并不完全具有针对性，都是一些大公司、大型企业的案例。它们的状况、条件与中小企业的相差较大。但是企业家们学一样东西，就是为了找到自己的不足，并且发现原来管理有这么多的阶段，这么多的层次，不同层次自己扮演的角色、管理的方法都不同。这会令企业家意识到自己企业目前处在什么样的位置，存在什么样的问题，下一步企业应该如何进行管理升级，升级的目标是什么等。

2. 主动参与、支持、推动管理变革

管理思维的改变不仅是管理技术知识的导入。若想让企业真正发生改变，一定不能委托别人来负责管理的推进，而自己只希望几个月后获得管理的成果。

尽管不必事必躬亲，但企业家要确保全程参与企业的每一次管理上的变革，这是企业家必须做的事情，没有任何人能够替代，只有企业家真正参与其中，才能给企业员工这样一个信号：企业的老板可不只是做做样子。

3. 用机制改变思维的三大顽疾

第一个顽疾是“喋喋不休”。在经营企业过程中，企业家一般都是“教授”级的人物。例如开会，本来是大家集思广益的会议变成了企业家的“一言堂”，本该是职能部门内部解决的问题，也要生硬地表达态度，似乎不这样做就显示不出权威性。不妨尝试在每次会议的时候，控制自己的发言顺序和时间，要鼓励员工，给机会让员工多说，要把公司的会议变成解决问题的会议。

第二个顽疾是“过于担心”。很多企业家总是放不下手中的权力，也总是怕下属工作能力不强，不负责任。企业家有这样的担心不无道理，这个顽疾产生的真正原因是企业家没有做好责、权、利的有效分配。通过流程制度化管理建设，适度放权，当员工承担了责任，员工对于自己的工作将不再是以往干好干坏无所谓的态度。

第三个顽疾是经常“瞎指挥”。现实中不乏企业家走访各个部门检查工作，看到不顺眼的地方就批评员工或者是安排员工做一些临时的事情。而很多企业家指手画脚全凭自己一时的好恶，既不尊重自己的员工也不尊重管理的规律，脑袋一热就成了“关公战秦琼”，导致员工抱怨连天，敢怒不敢言。

改变固有的思维模式其实很难，每一个企业家都有一个坚硬的内核，即使外表再温和的企业家，他的内核也是坚不可摧的，因为他相信过去的成功，相信自己的判断，而不愿意受人指使、摆布，如果企业家没有这个内核，恐怕也就无法成为企业家。正因如此，大部分企业家只有在遭遇到挫折、失败的时候，才会主动改变，其余的时候都是被动改变。不管怎样，当你的思维和企业发展的现实有冲突时，请先尝试改变你的思维模式，这也是对经营方式、个人意志的一大考验。

【冬鉴良言】

企业家经营思维的进步，一定是因为个人的思维和管理现实的冲突、博弈。企业家要时刻有“自己是谁、在做什么”的清醒认知，不要过度地追求保持所有项目稳定、和谐，当你在为一点点改变而努力时，其实你的本质已经在不知不觉中发生了变化。

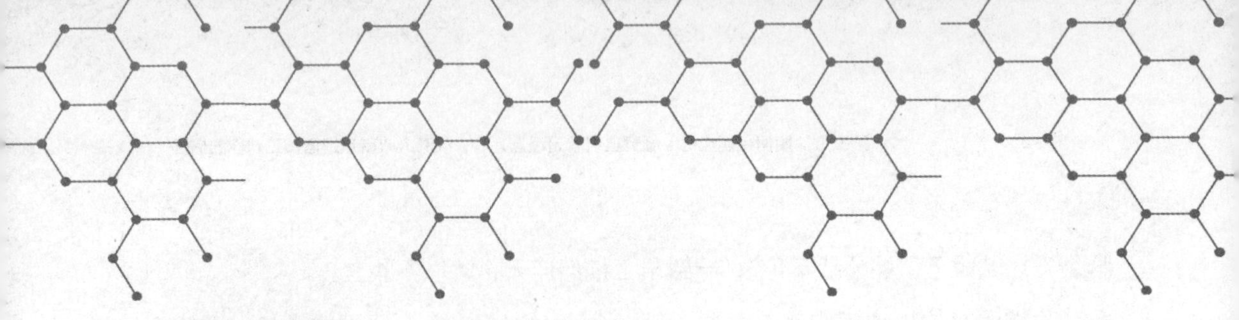

第三章
经营自己对企业的好处：探寻百年企业的长寿基因

杰克·韦尔奇——通用电气传奇

杰克·韦尔奇曾被誉为“全球第一 CEO（首席执行官）”。他的丰功伟绩不是我们要讨论的重点，重点是这位“全球第一 CEO”究竟是怎么做到的，在他身上有什么值得我们学习的地方。

在接手通用电气之前，韦尔奇是集团分公司的经理，虽然只是一个中层企业家，但这并没有影响他发挥自己的管理才华。

当时，他所在的分公司存在一个很大的问题，就是采购成本过高，这给分公司的生存造成了很大的威胁，韦尔奇为此夜不能寐。后来，他想到了一个很好的方法，不仅解决了成本问题，而且给公司创造了很大的效益。

原来，韦尔奇专门为自己安装了一部特殊的电话。其特殊之处在于，这部电话专供公司的采购人员使用，不能对外公开。

韦尔奇这样做，是为了自己能够在第一时间得到采购人员和供应商谈判的价格。任何一个采购员只要赢得了供应商在价格上的让步，都可以直接打电话给韦尔奇。每当这时，不管韦尔奇在做什么，即使是在谈一笔上百万美元的生意，他都会立刻停止手上的工作去接电话，并且对那个采购员说：“你干得太棒了！”随后，他会亲自给这个采购员写一封祝贺信。

降低成本就等于提升收益，韦尔奇深谙其道。他通过这种直白的激励方法，让采购员感受到自己的重要性，使其工作热情大幅上升。韦尔奇用这种办法创造的效益，不仅体现在成本的降低上，更体现在因激励员工而产生的更大收益上。

回顾杰克·韦尔奇的早年岁月，他在母亲的影响下学会面对现实，懂得想要胜利就要在前行中坦然接受失败，学会竞争的价值。这直接帮助杰克·韦尔奇树立了享用一生的自信。如果说早年间的小事只是证明了杰克·韦尔奇童年的生活色彩斑斓；那么在杰克·韦尔奇进入通用电气之后因为反感官僚主义而进行大刀阔斧的改革，正是对年少时收获的自信心的验证。并且，这在其执掌通用电气的 20 多年时间里一直延续着。他热衷于一切能使公司更强大的理念，并且总是沉迷于自己富有创造性的想法中。论企业家个人成长要素，杰克·韦尔奇的自信、果敢、激情、坚持的品质值得我们多加学习，而作为企业的经营者，杰克·韦尔奇在经营通用电气过程中的思考对我们也很有启发意义。

1. 没有竞争，就不会有发展

杰克·韦尔奇非常明白这点，国家经济发展也是这样。一个行业、一个企业甚至个人的发展都是如此。也因此，杰克·韦尔奇才会在通用公司进行大刀阔斧的改革。市场的变化多端，云谲波诡，没有哪个企业能够在市场竞争中成为常胜将军。让杰克·韦尔奇引以为傲的是：“在通用电气，我不能保证每个人都能终身就业，但能保证让他们获得终身的就业能力。”

2. 在管理中独创方法、另辟蹊径

在管理上，杰克·韦尔奇独创了许多方法。例如，“聚会”“突然视察”“手写便条”。

杰克·韦尔奇总是匆匆安排与比自己职位低的员工一起“聚会”，共进午餐，并且每周都“突然”地视察办公室和工厂，因为他懂得“突然”行动的价值。他还无数次地把醒目整洁的手写便条发给员工。这一切都让员工感受到了他作为企业带头人的影响。

3. 注重人才

杰克·韦尔奇说：“领导者的工作，就是每天把全世界各地最优秀的人才吸引过来。他们必须热爱自己的员工，拥抱自己的员工，激励自己的员工。”

杰克·韦尔奇有一个用人秘诀，也是他自创的“活力曲线”。他认为，一个组织中，必有20%的人是最好的，70%的人是中间状态的，10%的人是最差的。这个比例是一个动态的曲线，即每个部分所包含的具体人都是在企业发展的过程中不断变化的。可以肯定的是，一个合格的领导者，必须随时掌握20%和10%里边的人的重要信息，以便做出准确的评估和奖惩措施。最好的应该得到激励或升迁，而最差的应该有所惩罚。这不仅是对人才负责，也是对企业负责。

4. 价值观引导

通用电气每位员工都有一张“通用电气价值观卡”。

卡片上写着9条警戒：痛恨官僚主义、开明、讲究速度、自信、高瞻远瞩、精力充沛、果敢地设定目标、视变化为机遇以及适应全球化。

这些价值观都是杰克·韦尔奇对员工进行价值观培养的主题，也是决定员工晋升的重要的评估标准。

【冬鉴良言】

竞争，对杰克·韦尔奇而言，不只是迈向成功的必由之路，它更代表着每天持续工作、不断创新的状态。似乎竞争越激烈，他就活得越充实。正如他认为，人们每天都在全球竞争战场的刀光剑影中工作，而且在每一回合的打斗之间，甚至连片刻休息时间都不存在。

松下幸之助——百年松下

1918 年，松下电器只是大阪乡间的一个小作坊，经过了一个世纪的洗礼，松下电器通过高品质的服务和产品赢得了全世界的认可，同时也经久不衰地传递着创始人松下幸之助先生的雄心壮志。

1978 年松下电器开始在中国投资，如今已在中国走过了四十多个年头，几十年来，松下电器通过一系列的技术变革，服务了无数批中国消费者。

美观大方、简洁干练的外观设计，具有可长期使用的耐久性，具有方便用户使用的各种精细的功能，是深深印在中国消费者心中的“松下品质”（见表 3-1）。

表 3-1　　“松下品质” 从何而来

在产品研发方面	松下电器提出了“帮顾客实现梦寐以求的生活方式”产品理念。具体体现在，在全国大部分地区都有松下电器的体验馆和展厅，为消费者打造“舒适健康每一天”的产品体验。同时松下电器还会定期收集用户对产品的反馈建议，并依托大数据，将其迅速转化为新产品的研发方案
在生产过程方面	松下电器坚持只有经过严格测试的产品才有资格出厂销售，并在生产过程中始终坚持“匠心制造”的理念，对产品所有零件都进行严格检验。同时在高温、低温、湿润、干燥等不同的外部环境下，对产品性能进行全方位测试，确保产品的使用周期和耐损性达到标准
在售后服务方面	松下电器真正做到了“只要有产品覆盖的地方就有松下电器维修点”，正是凭借一流的服务质量、专业的维修技师和先进的检测设备，松下电器为消费者提供了一套完善、可靠的售后服务

以上几点，无不体现了松下电器的匠心，现在的松下，也会始终坚持“贴近顾客生活，帮助顾客实现更加美好生活”的理念，传承“匠心制造”精神，将科技、文化融为一体，通过节能、环保、优质、多样化的松下产品，为全世界的消费者不断奉上更有品质的产品。“更好的生活，更好的世界”已成为松下人的不懈追求。松下幸之助的“匠心”体现在以下几个方面。

1. 对待人才方面

从古至今，大部分企业都希望自己拥有一流的人才。松下电器创始人松下幸之助却只聘请“70 分”人才。

这要从松下幸之助的用人哲学说起。松下幸之助认为，一流人才当然好，但事实证明许多问题都是出在顶尖、一流的人才身上。因为这些一流人才的自负感很强，他们很容易抱怨自己的企业，抱怨自己的岗位，例如，“在这种烂企业真倒霉”“这么无聊的岗位，没有一点乐趣”。抱有这种心态的人，必然缺乏责任心和对工作的热忱。做事未必出色，尽管他的才能是一流的。相反，那些处于中游的人才，反而更可取，因为他们知道自己还有不足之处，所以更愿意在工作中力求进步。

对此，松下电器更提倡“70% 的求才法”。当然，这并不等于那些尖端人才就会被他拒之门外，事实上，今日的松下电器可谓人才济济。他主张的“70 分”人才实际上是一种人才理念——企业家在用人时必须讲究好“度”，人才必须“适合”，否则，一流的人才也未必会铸就一流的企业。

2. 对待顾客方面

松下幸之助曾表示：如果大家都能够理解善待顾客的重要性，就会有许多人对它怀有期待。而我们将能够按照人们的期待开展工作，给别人带来喜悦，同时自己也感到快乐。这样，我们将能够尽到自己作为社会一员的职责。这与松下幸之助的经营理念不谋而合，经营的第一理想应该是贡献社会。以社会大众为企业发展考虑的前提，才是基本的经营秘诀。松下幸之助曾经直言不讳：“赚钱是企业的使命，商人的目的就是赢利。”正因为企业家只有把个人的企业、事业融入整个社会的发展中，我们才必须不折不扣地强调赚钱、赢利，毕竟只有这样才是切实地对社会做出贡献；相反，企业不赚钱，亏损，社会也会“亏损”。但他同时也声明，担负起贡献社会的责任是经营事业的第一要义，这看似矛盾的经营理想其实在松下幸之助的人生、经营实践中是高度统一的。

这正是值得我国企业家学习的地方。放眼国内的消费人群，随着国民收入增长，我国消费者的消费偏好开始偏向生活品质、情感因素、个性化和设计感。人们正逐渐跨过低价的需求，慢慢转向品质、氛围、情绪的需求。消费升级已经开始，我们在经营企业的过程中，对产品的定位、理念、要求也应该有所转变。

【冬鉴良言】

丰田汽车公司前董事长丰田英二曾表示：自己担任专务时，曾率技术人员参观松下电器工厂，松下电器的干部列队，热情欢迎。最前面的，竟是松下先生本人。可见松下幸之助对顾客的重视、恭敬。他不仅始终贯彻顾客至上的精神，还集合部门领导带头向丰田人员深入地发问。他这种以身作则的企业家精神只会让所有人觉得他是当之无愧的优秀企业家。

恺撒·丽兹——世界豪华酒店之父

恺撒·丽兹被称为“世界豪华酒店之父”。起初，他与人合伙创立了巴黎丽兹酒店，开豪华酒店经营之先河。豪华的设施、精致的法餐、优雅的上流社会服务方式，将当时的欧洲酒店业带入到了一个崭新的发展时期。

今天，“Ritz”（丽兹）已经成为豪华和完美的代名词。它的中文注释是：非常豪华的、极其时髦的。

丽兹酒店的成功，与丽兹的经营理念密不可分。

第一，强烈地关注客户。

第二，坚持不断地改进。

第三，改进组织中每项工作的质量。

第四，精确地度量。

值得学习的是，丽兹首次把实验制度应用在酒店行业中，他一直希望提供能够超越其他同类酒店的最优质服务。

碍于规章制度，往往会有一些令客户反感的情境，例如，发生什么事情，按照制度服务人员没有资格决策时，就需要客户不停地等待；服务人员不想给企业带来损失，往往就使客户的要求无法得到满足……

这是酒店的通病，但丽兹·决定谋求改变。

怎样改变？从一个实验开始。

以往酒店内部流程明确、制度森严，这些都是为了酒店的高效运作而设立的。

要提供一流的服务，有时候流程和制度应当有一定的让步。酒店的高层通过商讨，决定实验下如果基层员工能够得到类似于中层管理者的处置权时，企业的服务能不能变得更好，而企业同时也不会蒙受损失。

对此，丽兹宣布，酒店的任何员工，遇到顾客的任何问题时，都有权在未经过任何领导的同意下，动用资金去帮助客户立刻解决问题，这个资金的上限是2000美元。这2000美元几乎能够解决一般客户的所有问题，立刻解决的含义是客户的任何不是非常夸张的要求都能够立刻得到满足。

这对当时的企业来说就是一个创举，很多人担心酒店会因此陷入管理混乱和蒙受巨大损失，事实却相反。

他的实验非常成功，没有任何员工滥用自己的权利，他们颇具创造力又负责地对待自己的工作，帮助客户解决一切难题。

当然，不是所有企业家都有尝试的勇气，但实验本身就是一个试错的过程。

企业员工犯错误是企业必须面对的。没有哪个企业永远不犯错，而尝试性的实验则是一个“主动犯错”的过程。通过尝试，企业才能够确定哪种产品深得消费者的喜爱，哪种产品不能；哪种方法适合自己，哪种方法不适合自己；哪种服务能够带来双赢，哪种服务是鸡肋。

企业主动去实验，主动试错，这种过程就好像让企业交学费去学习，有时企业家必须尝试做选择，不要把问题抛在一边，要提前做好功课，听从内心的召唤，不要在后悔中浪费时间。

【冬鉴良言】

企业是实验主体，消费者是实验的参与者，而企业家则是实验的推动者。在这个信息开放、透明的时代，自己闭门造车是企业家不应该犯的错误，企业家在不断实验更新企业的过程中，在组织内部给予员工尝试的自由。尝试意味着行动，企业发展过程中的尝试不应该被局限在小范围内。

PART2

【领导他人】把自己经营好的同时，凝聚员工的力量推动企业提质增效

想成为一位名副其实的企业家，有一个很重要的部分，就是培养好你的员工，让每个员工的成长、成才都依托于企业这艘方舟。你必须为将这艘方舟建设得更加可靠、稳固而用心经营。如果你不能让员工在你的带领下成长起来，身为企业家，其实你是没有成长的，自然谈不上经营好自己，经营好企业。

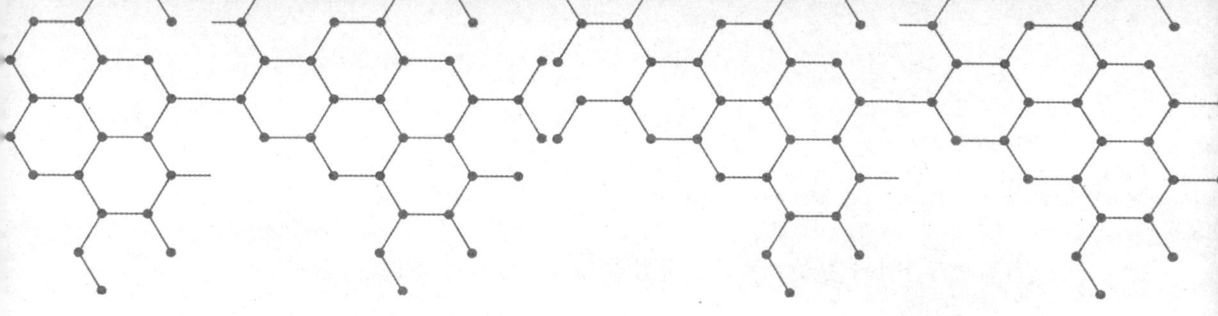

第四章
一流的企业不一定要人管人，但其经营者一定管理有方

自我管理：做好角色定位，当好“领头雁”

企业家——人人羡慕，人们常将努力、财富与之相提并论，赋予这个名字至高无上的荣耀。也有很多人刻意甚至疯狂地追求这个名字。但是，在那些拥有大权的企业家中，究竟有多少真正看清自己，扮演好自己的角色，令人心悦诚服？

在我所认识的诸多企业家中，有一位田老板。

田老板是国内一家建材企业的老总，他的业余爱好是到世界各地去爬山，尤其是冰山。

通常情况下，爬冰山是三四个人一组，用绳子连在一起爬。田老板是队长，带领一个团队。众所周知，队长的工作非常重要，钉子要钉牢靠，后面的人才能顺利爬上去。

在一次爬冰山时，田老板突然掉下去，结果把后面的人都拉了下去，还好第四个人用力抓住了绳子。田老板跌落山下，受了重伤，最后被直升机救了起来。

每次登山都有队员把登山的过程录制下来。此次事件过后，队员把视频剪辑成了一个十分钟的影片，并放在登山爱好者网站上分享经验。

没想到的是，网友开始纷纷讨论、分析这次登山的技术问题，更有甚者开始羞辱田老板，表示这样的人没有登冰山的资格。没过多久，消息在田老板的企业内部传开，人们对田老板议论纷纷。

田老板非常难过，但是经过思考，他明白了一件事情：自己在登山过程中犯的错误，不也正是在经营企业时常常犯的错误吗？而自己最大的错误就是不知道自己的弱点，不知道自己的局限性，说到底，就是不自知。

这次失败的登山之旅让田老板重新思考有关企业家与企业和员工关系的问题，也令他痛下决心重新认识自己，做力所能及的事，避免今后更大的失误。

一个能认清自我的企业家，至少应该有如下几个方面的能力。

- 感知力、洞察力
- 前瞻性，能预见未来的能力
- 适应环境变化的能力
- 建立高效执行团队的能力
- 自我激励与激励他人的能力
- 不断学习与改进的能力
- 把策略变成落地方案的能力

如果你能拥有上述能力，表示你已经初步具备企业家必备的品格——认清自我。

接着，便是管理自己。

松下幸之助曾表示：当企业是 1 个人的时候，自己干；当企业有 10 个人的时候，自己跑在最前面；当企业有 100 个人的时候，自己走在队伍的中间；当企业有 1000 个人的时候，自己在最后面；当企业有 10000 个人的时候，那就天晓得了。

言外之意，当企业处于不同的发展阶段时，企业家所处的位置、所扮演的角色和工作重心也随之发生改变。经营企业靠的不仅是一腔热血，激情并不能使企业常青。关键是，时刻保持清醒、认清自我、扮演好自己的角色。

1. 揪出遮盖自我的因素

以下十点是常常把企业家的自我遮盖掉的因素。

- 满足现状
- 粗心大意
- 不良习惯
- 停止学习
- 内心的骄傲
- 控制的欲望
- 所受的教育
- 没有感恩的心
- 自我意识的膨胀
- 公司组织结构不合理

2. 衡量企业家自我认知的问题

许多企业家在不自知时就盲目制订宏伟的目标。

当你计划制订一个目标时，首先你要问自己以下两个问题。

第一，自己是否具备核心的能力和个性？

第二，自己的能力是否比他人强？

如果你的答案都是“否”，也许你需要在制订目标之前重新审视自我；如果你的答案是“是”，你仍然需要小心，务必不让自己落入下面的谬论与陷阱中：

- 努力经营企业就能迈向成功；
- 智力就是一个人的技能，自认为很聪明；
- 激情、兴趣等同于擅长，自认为只要有激情任何事情都能做到；

• 认为自己天赋超人，比竞争者更优越；

• 有愿景就一定能实现。

3. 清楚自己的目标和价值观

企业家的价值观就是企业家对员工的态度、对企业的信念、对社会的责任以及内心的感受，是一套完整的体系。

对一个企业家来说，价值观就是他经营企业或团队的目标、意义所在。当今大多数企业家的目标都是盈利、赚钱。随着财富的累积，地位的提升，社会影响力的不断增强，企业家更应该寻找人性的回归，重建内心，帮助社会建立关怀、尊重、勤奋、诚信和博爱的精神与秩序。

4. 自我审视，发现一个条理分明、方向清晰的世界

一个能够正确审视自我的企业家，总能够将自己的能力最大化，给自己找到适合的目标。

自我审视，往往能够触及我们心灵深处，它是对自身优点以及劣势全面检查的一个过程，也是一个寻找自己内心痼疾的一个过程，能帮助我们克服隐藏在身体内的无知、自大、懦弱以及虚假。

企业家学会审视自己，在经营企业过程中就会从不同角度看待问题，这时，企业家就会发现眼前的世界是一个条理分明、方向清晰的世界。

5. 企业家要扮演好自己在企业中担当的角色

企业家在企业中应扮演好以下角色。

（1）角色一：镜子。

企业家相当于企业的一面镜子，可以反映员工真实的心态和行为。镜子或许无法告诉你如何搭配衣服，但是它可以让你看到自己的搭配是什么样的；可以让员工看到更多的可能性和新的方向。而企业家的作用就是在“自知”的前提下引导“不知者”看到他的盲点所在，找到问题的根源。在镜子面前，每个人可以清楚地看到自己的衣着哪里不合适，而在企业家

面前他的员工也可以找到自己的问题所在，并以更积极的状态去改变自己、实现目标。

（2）角色二：指南针。

企业家是一个指南针，他可以帮助员工找准自己的位置，并为他们指明前进的方向，协助他们更快地完成目标。培养员工的过程是一个寻找方向的过程，没有目标也就没有方向。企业家的作用是引导，他不仅要引导员工发现自己的盲点，找到问题的所在，更重要的是要引导他们找准目标。相比于盲点，目标更加重要，如果找不到目标，整个世界都将变成他们的盲点。

事实上，并不是所有员工都可以认清自己的使命，找准自己的目标，并制订相应的计划。而企业家就需要在其中发挥指南针的作用，帮助他们明确自己的目标，找准自己的定位。“授人以鱼，不如授人以渔”正是这个道理。

（3）角色三：推动员工和企业成长的催化剂。

企业家在员工自我改善过程中的作用是帮助他们更快达成目标，就像催化剂一样激发员工潜在的能力。

绩效的高低与人们潜能的发挥程度有着很大的关系。如果员工在企业家的帮助下明确自己的目标，那么这就代表其潜能开始发挥。此外，当潜能被激发出来之后，企业家可以让员工看到自己拥有的巨大能量，帮助他们树立更强大的信心，从而使员工以更积极的态度投身到任务和使命中去，让他们找到更多的方法和选择，看到更光明的未来。

（4）角色四：开启未来成功之门的钥匙。

将企业家比作一把钥匙，主要体现在两个方面：一是企业家可以像钥匙一样打开员工储藏潜能的盒子，挖掘他们的潜能，引导员工向内发掘潜能、向外发展出更多的可能性，让他们用自己的最佳状态去实现目标；二是企业家可以像钥匙一样打开存在于员工心中的枷锁，存在于他们心中、阻碍他们前行的困惑，比如对失败的恐惧、在压力面前的畏首畏尾、对变化的抗拒等，此时企业家的作用就是帮助他们将内在的干扰降到最低。

总之，雁群以“V”字队形飞行，领头的雁是不断变化的，但无论雁群飞向何处，每只大雁都在拼尽全力跟上队伍，在必要时，大雁就会更换自己的角色——或是头雁，或是随从。而当任务发生改变时，雁群就会重新排列，根据需求调整队形，以适应新的情况。企业家要当好企业的“领头雁”就要灵活运用自己的职能，扮演好自己的角色。这样才能更有效地经营自己、培养员工、引领企业。

【冬鉴良言】

除了上面提到的几个角色，一名优秀的企业家还要扮演好以下三个角色。

①梦想家。创造愿景，能有声有色、清晰地描述未来发展规划的每一个细节。

②实干家。做出行动，能脚踏实地、设计出一套可复制的流程并控制每一个节点。

③批评家（局外人）。公平、公正、公开处理好每一件事情。

另外，每一个企业家都要常常问自己三个重要的问题。

①我是谁？（在任何时候不能迷失自己）

②我从哪里来？（无论何时不忘根本）

③我要到哪里去？（时刻铭记自己的理想是什么）

只有拥有清晰自我的路径，并且不管路上有多少艰难和诱惑，都不动摇初心，最终才能取得“真经”。

你要想让每个员工的成长、成才都依托于企业这艘方舟，就必须为将这艘方舟建设得更加可靠、稳固而用心经营，引其走上正道。

人本管理：满足不同层次的真实需求

在云谲波诡、竞争激烈的商业环境中，员工的激情、主动性和创造力是企业建立持续竞争优势的重要保证。这样一来，现代化的企业管理对其最高管理者——企业家就提出了更高的要求。

今天的企业管理不再是单纯的知识和技能的训练，而是对个人心态的培养。著名管理大师彼得·圣吉在其著作《第五项修炼》中曾经表示，心智模式是根植于人们内心深处，对人们认识世界和采取行动产生影响的假设或成见。但是人们在实际生活中却不能轻易感觉到内心深处的心智模式及其对自己的行为产生的影响。

企业家在企业管理中的责任不是帮助员工解决具体的问题，而是引导员工察觉出自己的状态，认清和明确自己的目标，从而对自我的状态进行有效的调整，达成目标。

而要想实现这一理想效果，企业家不能将工作重心仅停留在指挥、控制、决策层面上，而应该投入更多的时间和精力去关注员工的内心世界、满足员工的内在需求。企业家应注重对员工的辅导和支持，帮助员工适应更多角色，从而让他们在受尊重中实现自我价值，获得工作上的成就感与满足感。

说到底，现代企业管理应该“以人为本”。

“晓云，你其实已经做得很好了，让我们再接再厉，把工作做得更好，怎么样？”

“艾可，我对你的工作非常满意。现在我手中有一个项目，我们来一起来完成它，好不好？”

“麦洁，作为新入职员工，你能在如此短的时间内适应工作环境，我认为你很有潜力。放手去干，我看好你！”

“安迪，公司刚接到客户的一项业务，时间比较紧迫，所以我想让你带领部门同事尽快做出一个完善的方案。如果需要什么帮助，可以跟我说，我会尽量满足大家！”

类似的话，我在企业培训的过程中经常能听到。

客观来说，人本管理即**在最大限度上体现出对人的关怀、尊重和认可，真正把员工的需求和期望放在第一位，鼓励和支持员工创造更大的价值。**而在传统管理模式中，是那种“家长制”“一言堂”的“唯我独尊”式做法，企业家往往是以“控制者”“发号施令者”的角色出现的，其背后的观念通常是：你做得不够好；我不信任你；我是老板，你是员工……

美国通用电气公司是全球大型技术、制造和服务等多元化产业提供商之一。20世纪80年代，这家国际领先企业处于一个极为辉煌的时期，但是辉煌的背后却隐藏着巨大的危机。由于机构庞杂、等级森严等问题，企业对市场的反应越来越迟钝，业绩明显下滑。

就在这样一个危急关口，一个挽救通用电气公司的人出现了，这个人就是杰克·韦尔奇，他也是通用电气公司历史上最年轻的董事长和CEO。

杰克·韦尔奇改革的成功离不开其顺应时代的全新管理模式和经营理念——人本管理。

杰克·韦尔奇坚信“企业要以人为本才能赢”，并将自己的人本管理理念体现在了智慧、情感、企业文化等方面的管理环节中，他认为企业家应做好以下几点。

（1）企业家应加强对员工的理解、尊重和信任。具体表现为重视与员工的沟通和交流，致力于激发员工主人翁意识和工作潜能，企业家应该关注自己与员工之间的关系，切勿高高在上，尽可能地给员工更多的自主权和决策权。

（2）企业家应该注重提高员工的素质，建立学习型的企业。企业应当把培育员工、提高员工的能力和素质作为经常性的工作。尤其是在科技日新月异的今天，知识更新速度快，技术生命周期短，只有企业的每一个员工都坚持学习，才能够使企业保持持续的竞争优势。

（3）企业家应该注重培育企业文化。企业文化是一种无形的力量，能够长期地将员工的积极性转化为生产力。而企业文化的培育应该注重价值观的塑造，突出企业的特色，并与社会目标相结合。

正是杰克·韦尔奇这一经营理念，使通用电气公司不仅恢复了往日的辉煌，而且成了“世界经济领域的航空母舰”。

企业是由人组成的统一整体，员工与企业在追求满足需求方面是一致的。员工追求自身的满足，企业追求自身利益的最大化，因此企业家的管理也应该以人为本。将人（员工）视为管理的核心，充分调动每个员工的工作积极性，发挥员工的主导作用，成了企业家管理成败的关键。

一言以蔽之，我们可以将以人为本简单总结为四个方面——尊重人、依靠人、服务人、发展人，如图 4-1 所示。

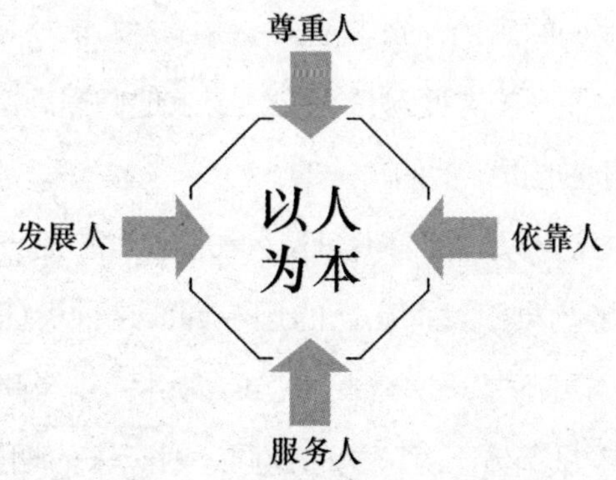

图 4-1　以人为本的四个方面

作为企业家，你要以一种全新的方式来看待你的员工，将每一位员工都视为具有潜力的人才，让每一个人都能充分实现自己的价值。在此我给各位企业家朋友两点建议。

1. 少一点管理，多一些自由

我们都知道员工是企业重金聘请来的，应该接受企业的管理。但实际上，员工的创造力是不可能被管理的。今天很多企业家往往进入了一种进退维谷的尴尬境地——他们或许可以通过一系列的手段让员工服从管理、提高工作效率，但无法保证员工对企业忠诚，更无法提高员工的创新能力。

对员工不妨少一点管理，多给他们一些自由空间。对企业家来讲，要真正做到这一点似乎并不容易。因此很多企业便产生了两方面问题：一方面是企业现行的管理模式僵化落后；另一方面是企业家抱着建立一种充满活力，具有创新精神的新的管理模式的美好愿望。

企业家只有打破旧有的管理模式，给予员工更多自由，才能激发员工的工作热情和创造性，使其为企业创造更大的价值。

2. 少一点督促，多一些鼓励

人的灵感和创造力都是上天赋予的。对企业而言，员工是否愿意在工作中发挥他们的才能是他们的自由，强求不来。所以，如果只是一味地督促员工努力工作，要求他们用最好的态度对待客户，要求他们提高产品的创新速度，那么员工是不会心甘情愿地贡献他的才能的。

激励员工的好方法不是督促和管理，而是让其产生一种精神层面的责任感，这种责任感会激励员工发挥自己的创造力。这种责任感不是通过管理就可以强加给员工的，更不是一次慷慨激昂的演讲和几句简单的宣传语就可以培养出来的。责任感源于员工对公司的认同、对未来的期望。

【冬鉴良言】

通用汽车公司前总裁曾表示：你可以拿走自己所有的资产，只要把员工留给自己就行，自己保证在五年之内就可以将原来的资产赚回来。可见，真正的企业管理应该是以人为本的管理，人力资源是企业的宝贵资产，它所具有的创造性和可持续性是世界上大部分物质资产无可比拟的。

因此，怎样尊重员工价值、激发员工潜能，就成为企业家在经营企业过程中必须认真思考的问题。

细节管理：平庸与卓越只差一个细节的距离

海尔集团总裁张瑞敏说："把每一件简单的事做好就是不简单，把每一件平凡的事做好就是不平凡。"

美国西点军校毕业的格兰特将军也表示：细枝末节是最伤脑筋的。

天下大事，必作于细，经营企业更是如此。有时候，你的企业是平庸还是卓越，往往取决于某一个微乎其微的细节。

对很多企业家而言，管理不用亲力亲为，但这并不意味着就可以忽视管理中的细节。往往一点点细微的变化，就会导致结果不如预期。

我们在经营自己、经营企业的同时，也该冷静思考：我国经济和发达国家的经济、我国企业和国际大型企业之间，真正的差距在什么地方呢？

马云曾在一次峰会中发表演讲，他认为我国大多数企业缺少的不是企业家，而是真正有效的管理，尤其是细节上的把控。

当有人问李嘉诚成功的秘诀时，他表示：成功的秘诀不在于大的战略决策，而在于做好细致工作的韧劲。也就是说人和企业的成功在于坚持不懈地做好细致的工作。

◇◇

曾有一家电器公司的老板，擅长和经销商拉关系，明白各种营销理论，可企业业绩却并不是很好。在他心里，始终觉得自己对企业的市场开发已经付出了无数的心血，也一直觉得自己是一名杰出的企业家，是企业的“明星”。他认为合作伙伴的支持迟迟不能到位，才是他举步维艰的罪魁祸首。

但事实的情况和他说的完全不一样，作为企业老板，他每天完全处在一种混沌的状态下：部门经理们出差做了什么他根本不知道，会议中只听员工的汇报而很少直接去深入市场了解真实现状，尽管企业配备了所谓的“办公系统”，但是那上面连最基本的审阅记录都是空白的——他觉得那都是多余的，久而久之，“办公系统”便形同虚设。

一次，在当地最大的一家家电卖场，他的企业品牌的展台上居然有其他知名企业的产品。当别人指出这些错误时，这位老板居然摆出一副“虽然有点小失误但是也不至于大惊小怪”的样子。

虽然后来该企业不断宣称自己的产品“最优秀，质量过硬”。但一个不注重细节的企业必然走向平庸，该企业业绩的不断下滑恰好说明了这一点。对此，企业的老板有着不可推卸的责任。

◇◇

平庸和杰出企业的最大的差距便是后者更注重细节。就是那些看似不起眼的细节，往往构成了从平庸到杰出的天堑。

当然，不只是企业家，很多企业员工在细节上也都会“偷懒”，认为老板疏于督促，所以得过且过，工作只要能交差就万事大吉。因此，管理员工同样也不能忽视各个阶段的细节。

1. 辅导阶段

企业家不能只是高高在上的领导，更应是员工的辅导教练。你既然给员工提供了机会和平台，就要帮助员工探索职业发展道路，挖掘员工的兴趣和工作能力，促进员工对自身岗位和所从事职业产生认同感，增加其对未来发展的信心。

2. 培训阶段

知识就是生产力。现今许多企业不惜花费重金定期对员工进行培训。在这个阶段，你要适时地帮助他们解决在成长过程中遇到的问题，与他们共享企业的信息，促进企业的良性发展。

除了阶段性的工作，管理的各个环节也不能忽视细节。例如用人、授权、沟通、执行、文化等。

企业无小事，向一个员工问话也完全有可能成为重大事件，若你认为只有宏图大略才是真正的大事，而那些“无关战略”的事情则无关痛痒。那么，未来很可能将有一大堆“小事”给你和企业带来一连串的麻烦。因此，在管理企业的过程中，如果有些重要的东西被忽视了，那么企业很可能将会失去一个重要的发展良机。

【参鉴良言】

企业家不只要做好大事，也要兼顾重要的小事。经营企业千万不可以被大小限制。做人也一样，要跳出大小的圈子。人生真正的伟大在于平凡，真正的崇高在于普通。通常小事一般人都不愿做，但成功者与一般人最大的不同，就是他愿意做别人不想做的事情，且会付出别人不愿意付出的代价。这既是企业家成功的秘诀，也是平凡中的伟大。

许多白手起家而事业有成的企业家，在自己是小学徒或小员工的时候，就能以最高的热忱和耐心去面对烦琐的细节。一屋不扫，何以扫天下？企业家时刻把自己定位在一心一意地做好身边每件事上，世上就没有难成的事，没有经营不好的企业。

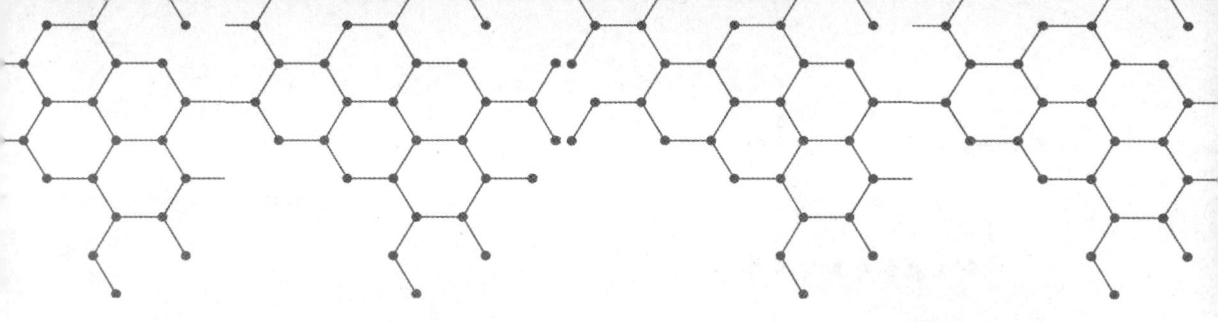

第五章
知人善任，在人才济济的环境下企业才会蒸蒸日上

知人善任就是把员工变为企业的财富

“把钱存员工身上”是马云创立阿里巴巴之初就始终坚信的用人理念。他认为与其把钱存在银行，不如把钱投在员工身上，坚信如果员工不成长，企业是不会成长的。

我所带领的海峰咨询团队在从事管理咨询的过程中，深入接触了很多企业，我发现中国很多企业家在人才管理方面存在诸多问题，如果这些问题得不到妥善的解决，势必会影响企业今后的发展。

现将这些问题剖析如下。

1. 企业家管理理念落后

很多企业家并没有真正树立起人才战略理念，往往视人力资源为人力成本。当企业高速发展时，业务增长迅猛，这个时期企业因为对人才的依赖性较强，企业家比较看重人才；相反，当企业经营遇到困难时，业务处于萎缩状态，企业家则视人才为企业的负担，甚至想方设法解雇他们。

2. 企业家自身素质不高

企业缺乏有远见卓识、激情和影响力的领袖，是企业人才流失的重要因素之一。对企业家来说，自身的品质、品德、品格都会影响员工对企业的忠诚度。企业家具有诚实正直的品德、优秀的决策和判断能力，以身作则，倡导开放的企业文化，鼓励分享与交流，允许失败等，才值得员工追随和信赖。

3. 企业培训缺乏系统性

很多企业家都很重视员工培训，想通过培训让员工的技能与能力迅速提高。但是，很多企业的培训活动仅仅停留在上课听课的层面，为了培训而培训，企业的培训不仅没有跟企业战略对接，也没有跟员工职业生涯规划对接。事实上，培训不仅仅是针对员工知识与技能，企业家更要重视员工对企业归属感的培养——对企业核心价值观的培训。

4. 对人才重能力而轻品质

许多企业家奉行人才攫取战略，过分注重人才的能力。但随着企业的发展，初期重能力轻品质的择才弊端逐渐暴露出来——能力越强起反作用时破坏性能量也越大。企业招聘人才时，除了应该关注其责任心、团队精神、品德等方面之外，如果发现其品行方面有不良记录，是不能留用的。

5. 缺乏职业生涯规划意识

除了企业家领导风格不匹配以及缺乏必要的激励等原因以外，缺乏职业生涯规划也是人才离开企业的重要原因。很多企业家没有建立针对高级人才职业发展的长远规划，大大挫伤了员工工作积极性，导致大部分人才流失。

现实中，每个企业的经营状况都不同，上述几个问题只是普遍存在于多数企业中。却足以说明，企业只有构建了自己的人才体系，才能立于不败之地，成就百年基业。

对企业家而言，人才管理机制的建构无法一蹴而就，这是一个系统工程，需要长期的投资与储备，而绝非想用的时候就能用，不想用的时候就晾在一边。

一位企业家曾说："事业靠人才发展，人才比资产更重要。"人才是推动企业稳步发展的重要力量，没有充足的人才资源，企业很难实现跨越式的发展。

世界上有名的大企业无不是重视人才、善用人才的典范。

一次，福特公司生产车间里坏了一台马达，公司负责技术的员工都来了，但结果很让人失望，没有一个人能够修复，老板亨利·福特只好另请高明。经过多方寻找，他最终找到了原来在德国做工程技术的思坦因曼思，当时他迫于生活压力，流落到美国，在一家小工厂里做技术工作。

思坦因曼思到了现场后，认认真真在马达旁听了听，然后向工人要了把梯子，爬上爬下地观察了好一会儿。众人都看着思坦因曼思，期待着他的答案。又过了十几分钟之后，思坦因曼思在马达的一个部位画下一道线，在上面写了"这儿的线圈多了16圈"。

按照思坦因曼思检查出的问题，负责的领导派员工将多余的16圈线圈去掉。果然，马达立即恢复了正常。

亨利·福特对思坦因曼思的才华非常赏识，邀请他来福特公司工作，但思坦因曼思却说："我现在的公司对我很好，我不能忘恩负义。"

亨利·福特马上说："我把你就职的工厂买下来，你就可以来我这里工作了。"

亨利·福特为了得到一个人才不惜买下一家工厂。人才的重要性不言而喻。

对现代企业而言，其核心竞争力的表现越来越集中于对人才的拥有、培育和运用。

索尼公司创始人盛田昭夫曾表示：只有一流的人才，才会造就一流的企业，如何筛选、识别、管理人才，并证明其最大价值，为企业所用，是企业家需要重视的问题。

盛田昭夫认为，人才主要可以分为三类。

第一类，有内在激情，也有外在能力。

这类人才对于团队来讲是最理想的管理型或专业带头型人才。对于企业家来说，最需要做的是给这一类人才充分的权力，让他们在宽松的环境中充分发挥聪明才智，实现自己的目标；同时，也要赋予他们较多的责任，促使他们最大限度地发挥创造能力，从而产生强大的凝聚力，推动企业向健康、良性的方向发展。

第二类，有内在激情，缺乏外在能力。

这类人才大多出现在新招聘的员工中。他们往往工作热情很高，态度端正，但是由于没有工作经验，动手能力也很差，所以工作效率相对较低。对于这类员工，企业家要做的就是肯定他们的工作激情，就像对待小孩子一样，要多鼓励、少批评。

第三类，有外在能力，缺乏内在激情。

这类人才多为专业领域中的技术员工，他们是企业中价值很高的财富。通常看来，这类员工对于自己的职位和长期发展没有明确的目标，需要企业家给予激励和鞭策，帮助他们调整心态。

【冬鉴良言】

如果企业家真正在用人上发挥作用，企业就会成为不用你直接去操控的系统。

当然，我并不主张所有知人和用人工作都由企业家亲自来完成。但企业家必须在用人环节里起到带头作用，亲自主抓，然后层层推进。

企业家一旦在企业内创造出人才济济的良好氛围，企业必然会蒸蒸日上，并且持续地良性运行下去。

唯才是举，企业家会识人也要会用人

人才是企业发展之本，企业家不仅要会识人，也要会用人，这对企业的可持续发展起着重要的作用。

这些年，我在深入企业调研的过程中发现，许多企业家在用人方面都容易犯以下错误。

- 对员工委以重任却不信任对方。
- 不能肯定他人长处，批评大于鼓励。
- 所发薪水未达预期，人才得不到应有的回报。
- 企业内部没有一个公平、公正、积极、向上的工作氛围。
- 没有正确地引导价值观，人才自身的价值得不到实现……

虽然企业家对于企业人才的管理及培训通常不需要亲自上阵，但是企业在培养人才、任用人才、提拔人才的时候，要为人才提供公平的竞争机制、良性的发展空间，这是企业家义不容辞的责任，企业家不能有任何私心。

现实中，有很多世界著名的企业家，他们在人才的管理和使用上，方式各异，但实现的标准是共通的：让人才在自己手下创造出最大价值。

众所周知，长江实业集团是由白手起家的李嘉诚一手建立的。

当企业发展到一定规模时，对管理十分敏感的李嘉诚意识到企业要发展，人才是关键。

在发展的不同阶段，企业需要有不同的管理和专业人才，但他审视当时的企业发现，原来自己已陷入“人才困境”。当时的时代背景是工人文化水平普遍偏低，大部分工人的文化程度只有小学，企业缺乏技术管理方面的人才。毕竟，那些曾和他出生入死“打天下”的“元老级”员工，他们的知识和专业水平也不足以应对企业未来的发展要求。面对愈加激烈的商业竞争，不能只靠这些人。李嘉诚不得不劝退了一批和他一起“打江山”的“难兄难弟”，果断地起用了一大批年轻有为的专业人员，为企业未来的发展注入了新鲜血液。

在这些新的人才中，既有分析本领非凡的金融专家，也有经营地产的“老手”；如今，李嘉诚的集团之所以能成为纵横东西的大集团，是因为他规避了东方式的家族化管理模式、大胆起用专业人才。

沃尔玛的用人原则最初是“获得、留住、成长”，后来改为“留住、成长、获得”——这并非单纯的顺序颠倒，而是体现了沃尔玛在用人理念上的变化。这说明沃尔玛不再只是一味地从外部招聘，而是更加注重选拔、培养优秀的人才，关心员工的成长。

对此，沃尔玛会专门指派老员工对新员工进行工作指导，并以一个月、两个月、三个月作为三个阶段，给他们的工作评分。如果新员工在培训期间表现出了一定的领导潜能，就会被送到公司总部进一步培训。未来，他们将有机会分配到各分公司工作，这样的过程使他们既能学会面对更多的挑战，也在实践中得到了锻炼、获得了成长。

我们发现，不少企业在选拔人才的时候，还会不自觉地按个人资历的深浅和辈分的高低来给人才排队。这种做法会压制真正有才能的人，我们只有唯才是举、不拘资历，才能得到真正的人才。

要做到这一点，并不容易，不妨看看下面两个要点。

1. 放下偏见

即使你对手下的某个员工有偏见，也不能因为个人恩怨，就忽略了他身上的才能，甚至遏制他的发展。正确的做法是：让他尽力发挥自己的才能。

2. 讲究方法

虽说大多企业家独具慧眼，能在众人中一眼看出哪一个人的本领强、潜力大。但是，这个人不一定就是众人眼中的优秀者。比如，与老员工相比，他资历尚浅，如果企业家不讲技巧，直接委以重任，恐怕就会激起老员工不满。在这方面，企业家可以向“经营之神”松下幸之助学习。

当时在日本的公司中，有一个不成文的升职规定：依照资历升迁。换句话说，破格提拔人才的阻力很大。因此，在真正需要破格提拔人才时必须非常谨慎。所以，松下幸之助想出了一个很好的办法。在提拔新课长时，他会先广泛地征求课内人员的意见。因为如果年长的员工对新上任的课长不满意，而公司领导采取强制执行的话，不仅不能达到目的，反而会带来更多的麻烦。然后，他用耐心和技巧来说服年长的员工，让他们同意和支持新人升迁。

总之，企业家想要正确任用人才，既要放下偏见，也要讲究方法，得才者，方可得天下。

【冬鉴良言】

近些年，职场上“重能力，轻学历”的呼声虽然很高。但受传统观念影响，很多企业家都更看重学历，认为学历高能力自然也强。从某个角度来看，这种观点不无道理，学历高说明接受教育的程度高。

但是，如果把学历和能力完全画等号，认为二者之间一定成正比的话，就有失偏颇了。这样的做法会让企业流失很多优秀的、能力出众的人才。企业家不妨将眼光放宽，唯才是举、“不拘一格”才能网罗到真正的人才。

优势引导，让人才在你手下发挥最大价值

“金无足赤，人无完人。”企业家不仅要全面看待人才，兼顾他们的优点和缺点。

每个人都有自己的优势和劣势，而企业家要做的就是发挥人才的优势，避免其劣势。这也是帮助企业培养人才、留住人才的重要一环。

第二次世界大战后，松下幸之助为了重建松下集团的唱片企业——胜利者，决定甄选一个优秀人才担任该企业的经理。

按理说，松下幸之助应该选择一位对音乐和唱片业颇有经验的人担任经理职务。但出乎大家意料的是，他最终选择野村吉三郎，要知道这个人虽然是原海军上将，但对音乐一窍不通。

因此，野村吉三郎将担任松下集团胜利者唱片企业经理的消息一经传出，质疑的声音此起彼伏，很多人认为他不能胜任此职。就连野村自己也很犹豫，他觉得自己完全不懂业务。

在松下幸之助的一再邀请下，他提出了一个要求：出任经理一职可以，但松下幸之助必须给他派几个懂业务的人做助手。松下幸之助欣然同意。

野村上任后，质疑他的人有增无减。在一次董事会上，大家谈到音乐作品《云雀》时，野村问别人：“《云雀》是谁的作品？”作为唱片企业的经理，竟然对名曲《云雀》一无所知，这件事很快流传出去，一时间，人们议论纷纷，一些高层也开始说服松下幸之助辞退野村，另谋人才。但松下幸之助坚

持己见，丝毫没有动摇。

松下幸之助认为，野村为人不但豁达大度、人格高尚，而且极会用人、擅长经营。他认真地分析后，给野村配备了能力出众的业务人才，让他们承担一切业务工作。这样，野村就可以摆脱具体业务的羁绊，尽情发挥组织、调度、协调的长处。结果，一切如松下幸之助所料，胜利者唱片企业在野村的管理下，经济效益迅速提高，企业发展前景一片大好。

在这个案例中，我们可以看见，人才在松下幸之助的手下充分发挥了自己的潜能，为企业创造了效益。

职场中有不少企业家，他们虽然也振振有词地宣扬自己的用人理念，但还是失去了很多人才。其中最关键的一点就是他们不能对人才进行优势引导，一旦发现员工有这样或那样的缺点，就不再委以重任。

小王是一家企业的人事总监，在一次谈话中她曾讲过这样一件事情："我做人事主管的时候，曾经碰上一个难题，有一个员工非常老实，但是老实得有点过头。他不爱讲话，也不会请教别人，工作总是完成得不好。但是他很遵守公司的各项规章制度，从不迟到早退，并且忠于职守。我几次萌生辞退他的念头，但看见他认真的工作态度，我就很不忍心。为了他的职位安排，我很伤脑筋。让他在公司闲着，不仅要照发工资，而且别的员工会有意见；给他工作，他却什么也干不好。慢慢地，我开始灰心丧气。恰好这时，公司的仓库需要有人盘点和看管。但由于工作太枯燥，谁也不愿意去。原来的库管大都耐不住寂寞，经常跑出去聊天。于是，我就将这个老实的员工派去当库管。让我想不到的是，他在这个岗位上干得非常好。因为他整天面对着一大堆材料，根本用不着说话。他的守职和诚实让他非常适合这个工作。我暗自庆幸，幸亏当初没有辞退他，不然，不知何时才能找到一个称职的库管。”

优势引导，是每个企业家都应具备的素质。后来，这个企业对全体员工进行了性格测评，企业再依照测评结果来调整员工工作。比如，让注重细节的人当质检员，让好胜心强的人去管生产，让表达能力强的人去搞市场公关等，达到人尽其才的良好效果。

优势引导的最高境界并不是无限制地包容别人，而是“化短为长”，把人才放在合适的位置，使每个人都有发展机会，有展示自己的舞台，帮助员工成长。优势引导有以下三个要点，如图 5-1 所示。

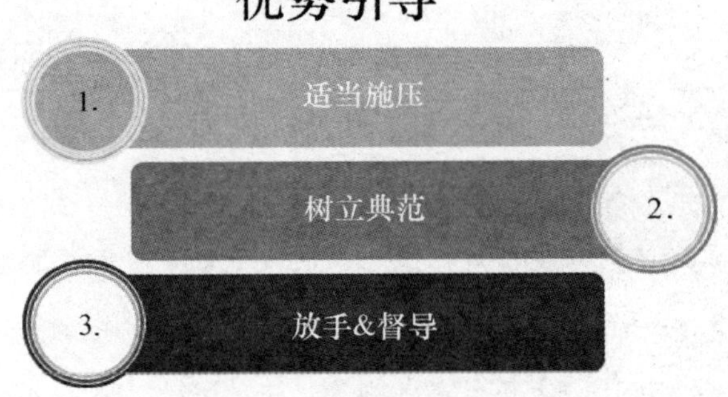

图 5-1　优势引导的三个要点

1. 适当施压

很多企业说：“如果员工自己不主动，那我又有什么办法让他学呢？”

其实这里面隐藏着两个问题：一是企业家是不是需要主动去帮助员工成长；二是员工的懒散是不是不可逆转。

第一个问题很好解答，尽管企业家在许多事情上不需要亲力亲为，但毫无疑问是负有培养员工的责任的；而第二个问题可能才是真正的问题，因为每一个人其实都是有追求的，但是人天性容易懒散，有些人虽然有想法，却缺乏动力，每次给自己施加压力、制订目标、心血来潮后又会回归原来的状态，一段时间后回想起自己不够上进时，又会忐忑不安，暗自发誓和重新制订目标，能够真正改变这种现状的又有几人？

因此，我们经常会面对很多看起来似乎不够主动的员工，要他们主动地学是不太现实的，那么身为企业家就有去帮助他们成长的责任，通过给他们施加压力，让他们清楚地知道该怎样努力，压力虽然在短时间内不一定能改变员工，但是只要你有足够的耐心，时间久了自然能看出效果。

2. 树立典范

如果企业家本身很懒散，却要求员工勤快，那么无疑很难让员工信服，他们甚至会抱怨："你自己都做不到，凭什么让我们做到？"而如果企业家能够做出表率，为企业树立一个标杆，让大家看到你自己也是这样做的，员工看到真实的样板，自然就会朝着你的方向努力。

每个人都有影响力，在企业中级别越高的企业家影响力越宽广。换言之，一个企业衰败了，不是因为基层员工，因为基层员工再有影响力也很难影响企业的整体战略，而企业的最高领导者——企业家则不同，其思想、行为都牵系着公司的发展，一举一动都能成为员工纷纷效仿的目标。

树立典范就是以企业家自身来影响员工，让员工看到一个正在往前奋斗的榜样，这种影响力在某种程度上比费尽心思教导更加有用。

3. 放手 & 督导

很多企业家口口声声说要给员工发展机会，但是不把一些重要事务交给他们去做，员工所接触的始终是一些最基础的工作，这样的工作做久了自然就没有吸引力和挑战性。当然有的企业家确实有培养员工的意识，于是把原本属于自己的事情统统都交给员工去做，但从不过问做的效果和有无需要改进的地方。其实这两种情况都是极端，员工成长的体现自然是能胜任更多、更难的工作，但如果企业家全部放手，员工是否可以胜任？而如果一些重要的事务做错了，企业家也难辞其咎，所以放手是必要的，但是在放手的同时也需要不定时地进行督导。这一点本书将在后面的章节详细阐述。

【冬鉴良言】

每位企业家都要尝试将优势引导有效地实施到行动中去，这无论对员工、对企业家，还是对企业都是有百利而无一害的事。员工能够使自己在工作中发挥特长，提升业绩，增强自信心，不断提高个人能力。企业家能够精准地发现和发挥员工的长处，有利于将员工培养为工作中的得力助手，分担相应工作，使自己能够集中精力思考更复杂、更重要的问题。如果从整个企业的角度来看，这不但对企业人力资源的优化起到推动作用，而且会有效提升整个企业的业绩。

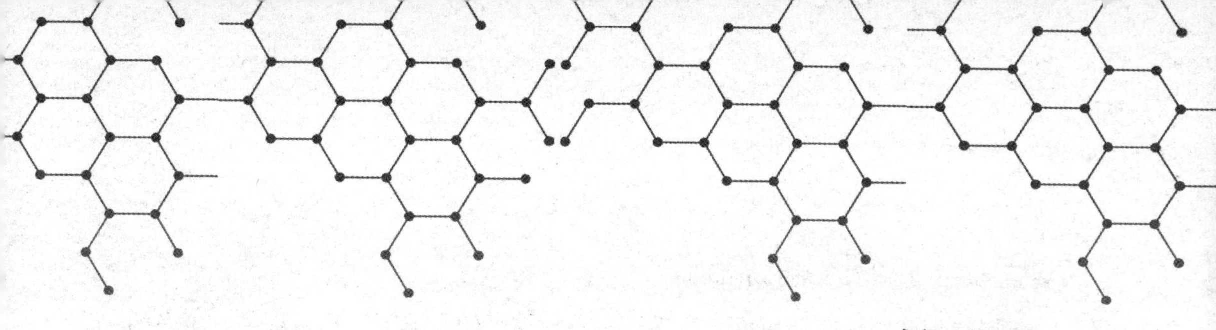

第六章 无为而治，经营企业的最高境界

放下"王者"姿态，经营企业不必"两眼一睁，忙到熄灯"

表 6-1 是一个企业不同岗位的责任高度。

表 6-1　　一个企业不同岗位的责任高度

岗位	责任
老板 / 企业家	搭建平台，制定战略，设定规则
店长	组建模块，细化战术，建立流程
经理	确定标准，责任分工，建立考核
主管	负责实施，榜样督导，进行奖惩
员工	执行指令，标准操作，付出回报

一个企业不同的岗位有不同的分工，环环相扣，垂直管理，形成闭环。如果企业老板（企业家）过多地做了岗位之外的工作，就会打破管理良性闭环。

我接触过的许多企业家都感叹："两眼一睁，忙到熄灯，每天忙！忙！忙！"

似乎今天的企业家总是难以集中时间和精力来思考和处理计划中的事务，

想要坐在办公室清净地喝茶都难。

还有一些企业家，表面上说着要充分放权，但在实际管理过程中，事必躬亲，依然独自打天下。对个别企业家来说，可能保持对企业的控制比企业发展更重要。

企业家应该懂得，适当授权有利于减轻自己的负担，把自己从具体琐碎的事务中解脱出来，集中精力想大事、干大事，增强组织的凝聚力和战斗力，发挥员工专长，建立团队精神等。当然，我并不是建议各位企业家朋友从此当个“甩手掌柜”，对企业不听、不闻、不问，而是说要科学授权。

以下四点建议可以作为参考。

1. 抛出问题，独立思考

有一位在培养员工方面颇有成就的企业家在谈到如何让员工快速成长时说：“其实我的做法很简单，就是把小事、不难解决的问题抛给员工，不到必要情况不会给出答案，让他们独立思考，解决问题。虽然这种做法会令他们在一开始有很大压力，但是我向他们表示，只要肯思考，问题总会解决，就算是一个问题也可以有很多种解决办法，所以千万不要遇事不经思考就觉得自己做不了。久而久之，员工就会养成独立思考的习惯和能力，以后再出现问题时就不会连想都不想就把问题抛给我了，当一个人能够自主去思考问题的时候，他的成长是迅速的。”

2. 选准对象，视“能”授权

企业家在选择授权对象时，既要看授权对象的人格品质，又要看授权对象的实际才能。有德无才难担重任，有才无德贻误事业，两者不可偏废。

对于能力相对较强的人，企业家应该多授一些权力，这样既可将事办好，又能培养锻炼人；对于能力相对较弱的人，企业家不宜一下子授予重权，以免出现大的失误；对于性格明显外倾性的人，企业家宜授权让他解决人际关系及部门之间沟通协调的事情；对于性格明显内倾性的人，企业家宜授权他分析和研究某些具体问题；对于黏液质和抑郁质的人，企业家宜授权让他们处理具有持久性、细致性、严谨性的工作。

3. 适度授权，信任为本

企业家授权，应以信任为本，放手让员工工作。怀疑是最伤害自尊心的事。

历史上原本忠心耿耿的人因被怀疑而灰心丧气的大有人在，在我们今天的日常工作中，一个人原本干劲十足，因为被怀疑而一下子就泄了气，导致工作受挫、事业受损也绝非罕见。企业家的职责在于明确员工的任务和目标，对于如何去实现这些，企业家应要求员工充分发挥主观能动性，不应“事必躬亲”。

4. 授之有据，收放自如

一般来说，企业老总应以备忘录、授权书、委托书等书面形式授权，这样做的好处是既可有效地限制被授权者做超越权限的事，又可避免被授权者将其处理范围内的事上交，凡是以请示为由，推卸责任的，既可借此为证，以免出现其他部门和个人“不买账”的现象，又可防止授权者将已授之权置于脑后，仍然放不开手。总之，授权要一授到底，不要稍有偏差就将权力收回。

【冬鉴良言】

有很多企业老板是企业的创始人，对企业具有绝对控制权。然而，当企业壮大之后，他可能只适合做股东，或者做合格的经营者（源于经商的实践和天赋），却不一定能够成为成功的企业家。如果企业的掌舵者，天天都像救火队员一样到处救火，或者长年累月亲自“厮杀”在沙场上，肯定不能被称为企业家。

经营企业的过程是一个借力的过程，只有越来越多的人愿意把力借给你，企业才会成功，不想放权的企业家会活得很累。企业家不要怕员工比你强，如果员工比你弱，只能说明你选人不当，把员工推到前台，给他们权力与责任，你在后面提供支持，这就是成功的秘密。

授权不等于撒手不管

授权有两个要点，一是不能完全撒手不管，二是不能不信任对方。先说一下前者。

企业家既要授权又要避免失控，既要充分调动员工的积极性和创造精神，又要保持身为企业领头人对企业各项工作的有效控制，这样才能取得授权与掌权之间的平衡。

也许企业家会感到疑惑：把权力都扔给员工，那不等于“放羊”了吗？这样做行得通吗？

其实不然，授权并非一蹴而就，不是说一句“这件事交给你”就算完成了授权，而是要企业家与被授权的人进行密切的交流合作，彼此态度诚恳，相互沟通了解。同时，企业家也要保留自己的部分权力，在员工出现不可原谅的错误时，随时取消他的资格。

从这一点来看，授权不等于弃权，授权也不代表任何权力都可以下放，完全做一个“甩手掌柜”。

那么，对于企业家而言，哪些大权是必须抓住而不能乱放的呢？

（1）财权。这一点主要是针对一些民营企业家来说的。

（2）任免权。这项权力的范围主要涉及非常重要的人事调动和安排。

（3）知情权。即使企业家有时不参与决策，但对所有重大决策也应该有知情权。

（4）决策权。即对一般及重要决策进行最后定夺的权力。

一个优秀的企业家，不一定要有多高的专业能力，但一定要懂信任、懂放权，这样才能团结比自己更强的力量，提升企业的综合实力。

授权不等于对工作撒手不管，在授权之后，企业家该做以下几点。

1. 及时追踪

企业家交给员工某些权力并不等于完成了授权，这只能算授权的开始。接下来，企业家有必要对员工的工作进度进行及时追踪，给予员工应得的赞赏与具有建设性的建议。至于怎么进行追踪，这里提出两点建议，以供参考：第一，在发布授权指令后的一定时期，亲临现场，认真了解执行的情况；第二，在发布授权指令的同时与员工商定，要求员工定期汇报工作的执行情况。

需要提醒的是，定时追踪的目的不是让企业家直接参与工作，而是从全局出发，把握工作，这样既有利于了解员工是否按原定的计划执行，也可以及时发现意外情况，对自己下达任务的技巧和方式有一个比较直观的了解，好在以后的授权工作中起到借鉴作用。

2. 检查监控

由于授权，企业家权限发生了一定的变化，尤其是对具体工作的控制实际上是退后了，企业家还必须及时进行调控。如果员工因为主观不努力没有完成工作任务，就必须及时纠正，并让其承担相应的责任。

3. 适当支持

授权的同时，企业家还要让员工知道在工作中遇到问题可以向谁求助。同时，当企业家把工作分配给员工时，也把权力一起转交。例如，告诉客户，自己已经授权某位员工负责某项工作，请他以后直接和该员工协商。

4. 反馈信息

为了更好地把控大局，企业家有必要要求员工及时反馈信息，了解具体情况。反馈时要把握几点原则：第一，用数据说话。即要求员工不要按照自己的想法发表看法，而要看具体的数据，否则会偏离工作的评判标准。第二，反馈应该具体化。笼统的评价往往会缺乏说服力，比如评价员工的工作态度时，不应只是听信别人的赞美或批评，而应按照考勤情况或其他具体评价来判断。第三，反馈要对事不对人。企业家在发现将某件事交给员工去负责，而员工将其做得一团糟时，要冷静思考问题，责备于事无补。与其把全部过错归咎在员工头上，不如共同探讨补救的措施。

【冬鉴良言】

授权不等于撒手不管，因为撒手不管，必将导致大局失控，企业家权力一旦失控，后果不堪设想。由此看来，企业家既要做好授权又要避免失控，充分调动员工的积极性和创造精神，保持作为领导者对大局的有效控制，这样才能取得授权与掌控之间的平衡，权力也才能“授”而不“弃”。

你交出多少信任，就会换来多少业绩

接着，我们将谈谈授权的第二个要点，不能不信任对方。

一个企业的员工能创造出色的业绩，既与自身的努力和能力有关，也与企业家的高度信任有关。

从某种意义上讲，企业家的信任和员工的业绩是成正比的。你交出多少信任，就会换来多少业绩。

据我所知，许多企业家之所以喜欢大权在握，不肯放手，大多是因为不够信任员工。他们觉得员工不可能做得和他们一样好，或者是担心员工滥用权力，说到底就是对员工不信任。如果企业家连最基本的信任都做不到，即使下放了权力，也难以得到满意的结果。授权虽重要，但也是以信任为基本前提的。

在职场中，我们常常会听到这样的抱怨：

“我和老板相处得很不愉快，因为无论大事小情，他都要一一过问，眼睛就像盯在我身上一样。”

“奇怪，我们老板天天怎么那么闲，怎么那么有空管我们！”

“好像每天被监禁、被控制……”

“我们老板每次嘴上说你办事，我放心，但实际上，他对我是极其不信任的，总是不断地查岗，问我的工作进度。”

过多的疑惑和猜忌不仅会让企业家身心憔悴，而且会逐渐打消员工的积极性，导致人才流失。

不妨来看看下面这个案例。

一家农用汽车配件生产企业的老总深入各部门检查工作，某车间负责人信心满满地对老总说：“我保证按时完成任务。”

老总想了想，说：“还是带我到生产车间看看吧，这样我心里有底。”

车间负责人有些不满地说：“您不相信我？怀疑我们不能按时完成任务？”

老总不屑一顾地说：“不怀疑是相对的，怀疑是绝对的，你不明白这个道理？”

车间负责人听后，心里十分不舒服。在送走老总后，他就写了一封辞职信……

因为老总的多疑，企业失去了一名优秀的员工。你也许会说：“这只是个例，竞争激烈，怎么会有人为了这点事就跟老板翻脸、打碎饭碗？这不是自断后路吗？”

实际上，每一个工作场合都是一个磁场。

企业老板对员工要做到“用人不疑，疑人不用”。而这种信任他人的老板，吸引来的是忠心、踏实、卖力付出的员工；相反，质疑、不信任往往吸引来反感、排斥、二心，甚至背叛。

如果企业家给了一个员工一定的权力，却又对其疑心重重，那么，员工对企业家也会失去信任，工作没效率、没业绩，人人都如此，企业就会越来越糟。

强烈的不信任感于己、于人、于企业而言都有害无利。企业老板对员工持如此强烈的怀疑态度，只能给管理工作造成障碍，从而阻碍团队的良性发展。

其实，当团队中出现了精明能干的员工时，企业家要做的不是处心积虑地查他、怀疑他，而是对他表现出足够的信任和赏识，因为大多数人都有这样一种心理：你越是信任我，我就越不会辜负你对我的信任。

正所谓“用人不疑，疑人不用”。

【冬鉴良言】

北宋著名文学家欧阳修曾说过：“任人之道，要在不疑。宁可艰于择人，不可轻任而不信。”一个善于用人的企业家，不会轻易怀疑员工，他敢于将权力下放，并能够运用巧妙的管理方法，显示自己用人不疑的气度。企业家始终要记得的是：信任是笼络人心、和谐上下关系的不二法门。如果企业家能够选出有才之人，并对其充分信任，敢于授权给他们，那么，企业内部的工作就能够良性展开，企业就会呈现一派生机勃勃的大好景象。

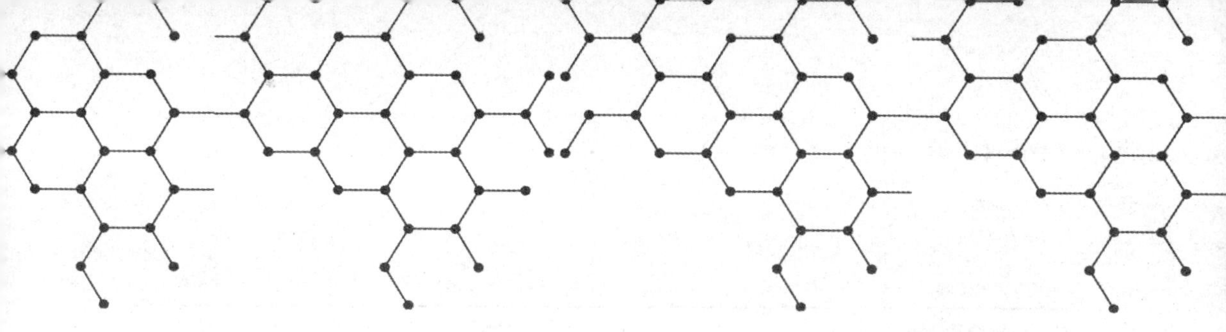

第七章 沟而能通，企业中 85% 以上的问题皆由沟而不通引起

放下老板架子，听一听来自基层的真实声音

根据这些年对所辅导过的企业的调研，我有一种很深的感受和体会，原本通过有效沟通就可以解决的大部分问题，却因为上下级之间互不沟通（甚至互不往来）或沟通效果欠佳而无法解决。在企业中，大约有 70% 的管理工作都与沟通有关，85% 以上的问题都由沟而不通引起。

在这些存在沟通障碍的企业，部门之间很少往来，成员之间或自成一派，或私下结党，关系十分恶劣。

为什么会出现这种情况？其原因分析如表 7-1 所示。

表 7-1　　沟而不通的原因分析

原因	分析
员工对上司 / 老板的畏惧心理	每个人都有自我防御心理，害怕在说话的同时暴露自己的真实想法，导致自我利益受损。加之企业若没有良好的人际关系氛围，没有一个公平、开放的机制保证。沟通就会因为人情、等级的原因而受阻。结果自然是沟而不通，问题重复不断

续表

原因	分析
上司 / 老板的错误沟通方式 / 行为	有些企业家以为沟通就是给员工讲大道理，灌输自己的思想。结果原本平等的沟通变成了要求、命令甚至是争辩。殊不知，沟通不是为了赢得对话，而是为了通过发表个人见解，发现自己的不足，并寻找最优的解决办法

如何才能解决沟通障碍呢?

对企业家而言，在所有沟通方式中，倾听是第一步，也是极有效的方式之一。企业家沟通能力的培养应该由倾听开始。

吴某是一家公司客服部的员工。

一天，在与朋友吃饭时，吴某气呼呼地说 :“我再也不会给我们老板提任何建议了，因为他根本不爱听我说话。每次我提出一个有关改善客服部服务的方案时，没等我说几句，他就会不耐烦地打断我，表示只要完成安排的任务就行，关于整改方案，交给管理层就行，管理层在这方面很有经验，会制订非常好的方案，所以，不用浪费时间去做这件事情。”

朋友不解地问 :“是不是你得罪过他，所以他不爱听你说话？”吴某摇摇头，说道 :“别人跟他说话时，他也是这样的。他要是跟我们说话，就算说上一天，我们也得听，但要是我们跟他说话，他能认真听上 5 分钟就不错了，他总觉得自己说的是真理，我们就应该听，而我们说的就是废话，让他听就是浪费时间。摊上这样的老板，我们真是没心思工作，我们部门有好几个同事要辞职，他们都受不了这个老板。”

或许你会对例子中吴某的遭遇表示同情，或许你会觉得他是鸡蛋里挑骨头，不去适应老板反而想让老板配合自己。不管是站在哪个角度，不得不说，吴某的老板在沟通方面确实存在一定问题。他不善于倾听员工的所思所想，这样的老板只会招致员工反感。

曾任波音公司总裁的菲利普·康迪表示：员工所表达出来的以及自己所听到的，远远比自己要说的更重要。换言之，企业家会听的能力往往比会说的能力更重要。

王某在一家培训机构做了三年的主管后，决定为自己的职场生涯再寻求一丝突破，于是他从当时难以再有提升空间的位置辞职，和朋友合伙开了一家传媒公司。

俗话说，隔行如隔山，这个行业对王某来说，是个全新的行业。刚刚进入一个竞争激烈而又完全陌生的行业中，王某如何展开新工作呢？好几个朋友都为他捏了一把汗。

但王某很淡定，他说："虽然传媒是我从未接触过的领域，但企业家的职责大抵相同，我这个一把手要做的就是集合整个团队的优势，全面调动员工的工作激情。"

通过之前积累的工作经验，王某认为，要建设团队就要做好人的工作，从倾听员工的心声开始。王某成立公司不久后，就开始找员工谈话，倾听员工的想法，通过集思广益，对大家的想法有了一个大体的了解后，让相关部门负责人为员工设定了一份详细的工作计划书。

同是朋友的合伙人陆某看了之后，连声称赞："当初选择与你合伙共事的时候，我还有些怀疑，没想到，这么短的时间内你就可以上手，真是个人才。"王某笑笑，说道："我没有什么过人的才能，只是长了一双会倾听的耳朵罢了。"

看得出，王某是个聪明的老板，他善于倾听员工的心声，为此赢得了员工的支持，企业也开了个好头。

当然，虽说倾听看上去很简单，但是，要想将它运用得当也不是一件容易的事情，需要注意以下几点。

- 倾听不仅要用耳朵，还要用眼睛和心
- 当员工说话时，无论他的表达能力如何，企业家都应该耐心地听他说完
- 在倾听员工说话时，企业家应该表现出浓厚的倾听兴趣
- 理解员工的倾诉内容
- 不要急着发表意见

除了倾听，建立有效的沟通机制、给予对方充分的信任也很重要。企业家可以从以下几点做起。

1. 建立有效的沟通机制

沟通强调人与人之间的关系，沟通行为应该程序化。发展阶段的沟通以制度作为沟通渠道，它强调部门与部门、工序与工序间的沟通。通过沟通机制，让员工明白沟通是为了解决工作问题而非建立私人感情。

2. 坦诚沟通，切忌发号施令

能够与员工坦诚沟通的企业家，基本可以不利用权力和威胁就能使团队有条不紊地运作。当然，企业家也可以在其他层面上进行沟通，比如借助榜样、姿态、决策、赞赏及自身行动等。但是有一件事他们不能做，那就是待在办公室里发号施令。没有坦诚的沟通，企业家便无法管理好员工。循序渐进进行坦诚的沟通，会为你以及你的员工或你的企业开启成功之门。

3. 充分信任，而非一味质疑

事实证明，信任是管理中的核心概念。在一个人人都信任其老板的企业里，员工会给予企业更高的回报。当员工认为企业家真心为他着想时，就会激发最大努力投身于工作中，带来更高的敬业度。

【冬鉴良言】

对企业家来说，沟通是重要的领导技巧，沟通贯穿职业生涯过程的始终，沟通存在于人们生活的每个角落。沟通是人与人之间相互了解的方式，可以说，人生的第一声啼哭就是一种沟通，人们从此沟通不断。研究表明，人有 70% 的时间在进行各种各样的沟通，沟通的重要性由此可见一斑。

沟通的四个能力：聆听、区分、发问、回应

许多企业老板习惯以文件的形式传递指令和信息，所以企业内部经常可以看到这样的景象。

员工办公桌上堆放着许多文件夹，文件夹里有各种各样的文件。这些堆积的文件给员工的工作带来了诸多不便，一些员工告诉我："老板下达的文件实在太多了，我们每天要接收大量的文件，常看不到老板的身影，似乎他每天都在忙。在这样的情况下，我们在具体的工作中可能对文件不能充分地领会，由此导致一些工作失误。"

显然，"文件式命令"阻碍了上下级之间的信息沟通，员工不能很好地领会企业家的意图，导致二者产生距离感。

沟通是经营企业过程中的一项重要内容。企业家的核心工作就是要通过聆听、区分、发问、回应，帮助员工明确目标，激发潜能，发现更多的可能性。

1. 聆听

从心理学角度来说，我们大部分人往往喜欢听自己喜欢的、感兴趣的东西，或者按照自己的方式去理解听到的东西。在这种情况下，大部分人在听的时候能理解你说的内容的 25%，我们可以简单地将“听”做个分类，如表 7–2 所示。

表 7-2 “听”的种类

分类	剖析
假装听	看上去好像很认真地在听，眼睛也会一直盯着对方，还会时不时点头进行肯定，但实际上没听进去多少
忽视听	意思就是你讲你的，但我不听，左耳朵进，右耳朵出
选择听	只听自己想听的东西，对于自己不感兴趣的一概拒绝
积极听	听者暂时忘却自我，集中精神去聆听讲话者的话语内容，身临其境，双方一起体验和分享谈话的过程
细心听	听者不光能听到讲话者所说的话，还能理解其话语背后的深意

面对这么多种“听”，企业家的聆听到底该听的是什么呢？

其实，聆听并不需要企业家有多高的境界，他们要尽可能地听出情绪、听出假设、听出真相、听出渴望和需要，更要听出矛盾和偏差，听出谦虚和和善。这样才能从员工口中获得更多的有效信息，促进与员工之间的谈话，保持良好的沟通氛围。

某个年会上，老总问一个员工的职业理想，员工自信满满地说：“我要努力工作，争取通过明年的升级考试，我要成为 ×× 部门的经理！”老板看这位员工口气不小。

很显然，这并不是有效的聆听。

企业家要进行有效的聆听，需要注意以下几点，如图 7–1 所示。

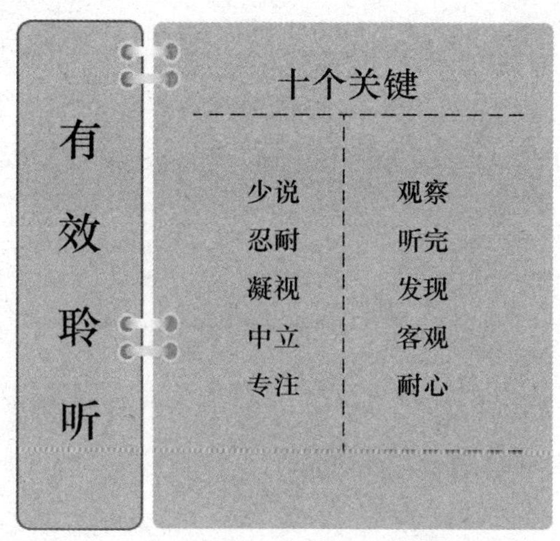

图 7-1　有效聆听的十个关键

（1）少说。

这是一个说来简单做起来难的技巧，聆听者一定不要打断对方的表述，只有闭上嘴才可能进行专注聆听。

（2）忍耐。

聆听别人的讲话需要很大的耐心，对讲话者而言，聆听者的耐心也许是最好的礼物。

（3）凝视。

聆听别人讲话的时候，适当地凝视对方的眼睛，可以让对方感觉到自己被尊重和重视。

（4）中立。

以中立的态度聆听对方的讲话，不要代入自己的感情，因为人们没有办法完全了解其他人的真实感受。

（5）专注。

需要百分之百的专注，千万不可以走神。

（6）观察。

观察说话的人。这样可能发现对方在表情、语气等方面的细微变化，而这些细微的变化通常能够透露出更多的信息。如果讲话者讲述的内容与身体语言表现得不一致，那么，聆听者观察到的肢体语言也许会更接近事情的真相。

（7）听完。

聆听的重点在于专注地倾听，不要打断对方的表述，即便是在心里也不要反对。即使聆听者有不同的观点，也一定要先听对方表述完毕后，再提出自己的意见。

（8）发现。

如果聆听者能够发现讲话人的特点，比如个人的喜恶、动机、价值观等，就更容易对讲话者做出适当的回应。

（9）客观。

不要先入为主。对讲话者先入为主的印象很可能会干扰你的聆听，所以聆听者一定要避免根据对方的衣着、发型等第一印象将其定位于某些条条框框内。

（10）耐心。

耐心地等待对方把话说完，如果对方表述的内容过于烦琐，聆听者可以先记录下其中的重点。

2. 区分和发问

这里所谓的区分，类似于我们在制作流程图时的思维导图。

顾名思义，流程图就是帮助人们把某项复杂的工作区别开来，切割成简单可处理的部分的图。

具体操作时，首先需要把目标写在纸的最右端，然后对计划进行倒推。思考实现目标前需要做什么，每个步骤可能都会有好几个需要完成的事项。

以此类推，评估自己今天能否开始这一事项，如果不能需要做什么，循环往复，一步步地进行计划倒推。对每项工作进行持续的细化切分，直到切分成今天能够开始的步骤为止。

在区分的过程中，常常要发问，所以二者是相辅相成的。

以下是区分中常用的问题。

- 在这些原因中，哪个是主要原因？
- 在这些因素中，哪个是无关紧要的？
- 在这些因素中，哪个是存在疑问的？
- 事实真相是什么样的？
- 哪些问题存在演绎成分？
- 目标是什么？
- 要取得什么样的成果？
- 实现目标的难点何在？
- 这是我真正想要的吗？
- 这两者有什么区别？

会发问不仅可以帮助企业家学会更好地聆听，也可以帮助企业家有效地进行区分，获得更准确的信息。

如何才能更加有效地发问？两个方面需要注意：一是要明确发问目的；二是尽量简明扼要。

（1）明确发问目的。

我们需要通过足够详尽的资料和有效的发问还原事实真相，在问题问清楚之后，答案就会浮出水面。

问题的指向有七个范畴，即 Who（谁），What（什么），When（什么时间），Where（什么地点），Why（为什么），How（怎么做），How many（数量多少）。

在发问的时候可以采用开放式和封闭式的问题。通过发问引发对方的思考，明确任务目标。事实上问题本身就是一种解决方案，进行发问就是寻找答案的过程。

（2）尽量简明扼要。

在发问的时候尽量简洁，让对方能够理解；此外，也不能一次性地问太多问题，以免使对方的思维混乱，达不到预期的效果。少给意见，让他们独立思考。在发问的时候，尽量不要用“为什么”，而要用“什么原因”。可以重复对方的话，并问“是不是”“是这样吗”，确保自己理解的与所表达的意思一致。

以下几个具体的问题模型可供各位企业家朋友参考。

- 你现在最想处理和解决的问题是什么？
- 你真正想要的是什么？
- 你觉得你真正的问题是什么？
- 你最想从工作和事业中收获什么？
- 在生活和工作中是什么在阻碍着你成长？
- 如果你能克服这些障碍，事情又会怎样发展？
- 你觉得事情会向哪几个方向发展？有什么样的可能性？
- 在这几种可能性中你会怎样选择？
- 我们做这件事情的目的是什么？
- 你这样做的原因是什么？
- 你对这件事有什么看法？
- 你希望能做点什么来使自己取得更多的成绩？

3. **回应**

对企业家而言，回应就像一面镜子，能够直接反映企业家的真实状态。

之前阐述的聆听、区分和发问皆属于主动沟通的部分，属于企业家的柔性策略，而最后要说的回应则需要企业家面对员工的疑问表达自己的看法。这也是很多企业家相对薄弱的环节，很多时候企业家并不知道如何正确回应。

说到底，回应就是让员工通过企业家的体验分享，认识到自身的盲点和不足，让他们明白现状，对自己所处的环境和位置有一个清晰的认识，意识到自己需要提高和学习的地方，明白自己应该采取什么样的行动。

要进行有效回应，要关注我们的出发点是否是贡献自己的真实心态。我们在进行回应的时候，既可以直接说出情况，也可以采用隐喻，回应本身并不存在固定的句式。通过持续的积累，让自己的语言更加丰富，从而增强企业家和员工沟通的感染力和震撼力。

【冬鉴良言】

沟通的四种能力——聆听、区分、发问、回应交互发挥作用，将共同构成一个把企业家和员工连接起来的信息流动系统，整合双方的信息，对信息进行更加充分的挖掘、处理和传递，形成一个充满动力的微观对话系统。

换位思考，当好 NLP（神经语言程序学）沟通教练

请各位企业家朋友将手中忙碌的事情停一停。

先思考以下问题。

- 你最想要的是什么？
- 今天的这个结果是你真正想要的吗？
- 今天所取得的成绩给你带来的是什么？
- 它和你的终极目标、人生理想有必然的联系吗？
- 它是最佳的通路吗？
- 通过今天所取得的成绩，最深刻、最有价值的自我总结是什么？
- 生活和工作中，应该做一些怎样的调整？
- 回顾你过去三年，假如再回到从前，你会怎样做呢？

• 若你采取不一样的行为和策略，今天会有哪些不同？给了你哪些启示？

• 把自己抽离出来，从旁观者的角度看现在的自己，采取哪些不同的做法，会给自己带来更多的收获？

请仔细回想上述问题，以“过来人”的身份厘清现状，换位思考，看清问题实质与问题产生的根源。

有一位管理大师曾说：“没有人与人之间的沟通，就不可能实行有效的企业管理。”

这是因为，企业的一切活动都离不开人，人与人之间沟通的质量和效率直接决定了企业管理水平的高低。

只是，有些企业家没有意识到，良好的沟通是建立在平等、互相理解的基础之上的。

企业家在进行沟通时，不能只站在自己的角度，而是要站在对方的角度考虑问题，即需要进行换位思考。

这样做不仅可以**增进企业家与员工之间的理解和尊重，而且有助于改变企业家的认知，提高团队的凝聚力。**

要做到换位思考，实现有效沟通，要清楚两个核心：

第一，充分考虑对方的需求，满足对方的需要；

第二，了解对方的缺失，帮助其探索应对之策。

企业家要意识到，在现代企业的沟通管理中，员工不再是一个单纯的经济体，而包含了更多的社会学因素，企业家与员工的沟通应致力于提高员工的士气，增强员工的满足感，建立和谐的人际关系，提高企业管理的效率。事实证明，以前等级分明、单向沟通的方式已经不适合企业的发展。换位思考有以下前提和条件。

1. 换位思考的前提：平等、尊重

在人本主义心理学家马斯洛的需求层次理论中，人最基本的需求是生理需求，当生理需求得到满足后，人会渴望满足更高级别的需求，例如安全需求、

社交需求、尊重需求以及自我实现需求。

企业家只有尽可能地从员工的自身需求出发，把员工放在与自己平等的地位上，尊重员工，才有助于换位思考的展开和良好沟通的实现。

2. 换位思考的条件：良好氛围

换位思考的本质其实是树立一种企业家“我为人人，人人为我”的观念。毕竟，在复杂、多变的企业内部，靠企业家的单向沟通是无法实现有效沟通的。所以，企业家要实时地营造一种有利于换位思考的氛围，以身作则地推广实施，并将其上升到企业文化的高度，将其融入员工的工作理念当中，落实到员工行动中，形成企业经营员工沟通的良性循环，促使企业迈向健康发展的轨道。

【冬鉴良言】

“换位思考”四个字听上去虽然简单，但想要运用得当，得到事半功倍的效果却不容易。

在企业运营的过程中，如果员工能够换位思考、为企业家着想，或者客户能够换位思考、为企业着想，企业的运营就会更为顺畅。

但企业家只能要求自己以身作则换位思考，为员工和客户着想，切不可对员工或客户有这样的要求。当然，如果能实现下对上的换位思考则是一种较高的境界和格局。

在一家企业里面，如果只有一个人能够做到在与他人的沟通中换位思考，那么，这样的换位思考所带来的辐射效应是极其有限的。

换位思考虽不能作为企业的硬性要求，但也应体现在企业的文化中，融入员工的思想言行当中。企业家应尽可能满足员工的心理需求，营造一种深入人心的氛围，从根本上保证良好沟通的开展。

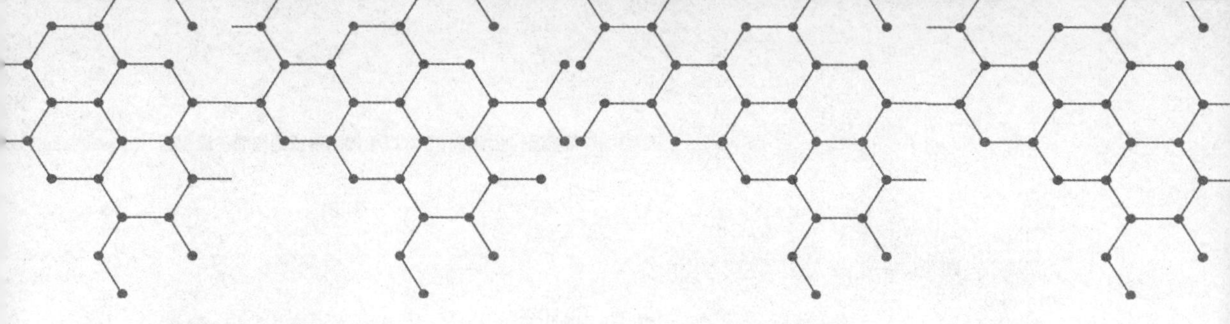

第八章 合作共进，协调内部平衡才能让员工在平凡的岗位中积蓄力量

从“管理人”到“协调事”，增强企业凝聚力

改变制造型企业“忙、乱、差”现状，提高经济效益，这是很多企业家的经营初衷。

控制力弱是很多企业的发展瓶颈，也是很多企业家要优先解决的问题，因为相对于凝聚力而言，提升企业的控制力更容易出效果，时间更短。然而，一味重视、强化企业的控制力，而忽视企业凝聚力的同步建设，只控不凝，必然会给企业的持续发展埋下诸多隐患。

若想掌握主动，既要“管理人”，也要“协调事”，才能增强企业的凝聚力。

1. 如何“管理人”

在“管理人”的过程中，企业家要真正将企业精神“博爱、感恩、细致、用心”这八个字，理解并加以运用。

其中，博爱、感恩针对的是企业家如何做人；细致、用心针对的是企业家如何做事。

（1）博爱。

企业家在做大做强企业的同时，更应该积极服务社会，回馈社会，以一颗赤诚的博爱之心践行助人为乐、奉献社会。简单来说，就是要用最短的时间帮助更多企业家、企业成功，传播爱与正能量。

（2）感恩。

企业家想单凭一己之力使一家企业百年不衰几乎是不可能的，一家企业要有全体员工和社会的帮助和支持，才能成就百年基业。

没有感恩之心的企业家是可怕的，只有把自己的企业当成公众的、社会的企业，企业才能一步步发展壮大，企业家要懂得感恩和回报社会。

（3）细致。

所谓细致，是只有做好小事情，才能做好大事情。对企业家而言，经营无大事，因为无数小事汇集成大事，一个想做事业的企业家，永远有做不完的事。

（4）用心。

一家企业从小变大，不是因为老板天生具备某种能力，而是因为他时刻用心思考、用心钻研、用心琢磨，最后不断超越，取得成功。

2. 如何“协调事”

除了要“管理人”，协调企业内部的事也要注意方式方法。企业家首先要弄清楚需要面对的一些关系和问题。

企业家常常要处理好方方面面的关系，如凝聚团队成员的团结关系、加强与员工之间的沟通关系、分清原则面前的亲属关系、促进相互交流的友好关系等。

要面对如此之多的关系，就需要企业家考虑得深远一些，做好以下四点。

（1）思路清晰。

企业家就像一个指挥官，需要组织协调团队中的每一件事情。要把这些事情做好，要根据其内容和具体要求，把握住基本点，制订周密细致的组织协调计划，确立清晰的思路，并把协调过程中可能遇到的问题和对策考虑周全。一些具体步骤如表 8-1 所示。

表 8-1　　思路清晰地协调好企业内部的事

步骤	解析
实事求是	企业家只有真正体现扎实的工作作风，同时促进各方面的积极配合，才能形成科学合理的协调思路
开拓新思路、新观念	只有在团队工作中具备新的思路、新的观念，才能使整个团队在发展的同时不断创新。这要求企业家不能因为自己工作经验丰富，就单纯地凭经验办事；更不能因为自己是带兵打仗的头儿，就主观武断，不采纳员工们的不同意见
观点明确	如果在做一件事情之前，企业家没有明确观点，就会抓不住主要矛盾，也就无法准确把握各方的实际情况和实际需要。只有观点明确，才能针对团队成员各自从事工作的不同、所处环境的不同以及存在的问题和矛盾，进行认真细致的研究
掌控大局	凡事都应做到胸中有数。如果一个企业家脑袋里装的事情像“一锅粥”，那么他所带领的团队也必然会盲目被动地工作，结果可想而知。要做到胸中有数，需要企业家能够全方位、多角度地观察问题，承认个体之间的差异，考虑到员工们的个性，具体情况具体分析。当企业家心中有了底，整个团队的工作才会有条不紊、忙而不乱地进行

（2）情感真实。

人都是情感动物，情感是人对客观事物的一种态度。带兵打仗，只凭声嘶力竭的吆喝显然不行，如果企业家能将个人的真挚情感渗透进去，自然会给员工们树立起榜样，并能让他们感觉到满满的人情味，即使面对难以攻克的问题也会全力以赴争取胜利。

要做到这一点，就需要企业家把握好以下几个方面。

讲话不能轻描淡写，让听的人无动于衷。

任何一次交流都不能敷衍了事，使听者不为所动。

在沟通过程中，不能态度蛮横，使听者产生反感情绪。

唐代诗人白居易说：“感人心者，莫先乎情。”管理工作如果做到以情感人的程度，那么其成效也将十分显著。

（3）胸怀宽广。

不可否认，每个企业家都会遇到不被人理解的时候。遇到这样的问题应该怎么办？

要沉着冷静地面对，认真听取他人的意见。如果他人意见正确或者有正确的部分，就要及时采纳，这样才会使自己的组织协调计划更加完善；倘若员工的意见不正确，企业家也要以宽容的态度，有理、有据、有节地进行批驳。除此之外，还要让自己去除私心杂念，心地坦诚地对待员工，进而与之达成一致意见，保证公开、公平、公正地处理好各种矛盾。

海纳百川，有容乃大。企业家必须具备宽广的气度和胸怀，否则将难以使工作进展和团队建设达到预期效果。

（4）把握原则。

如果把问题比作心锁，那么原则就是开启它的金钥匙。把握好原则，各种矛盾和问题才会迎刃而解。否则，不但旧的矛盾和问题解决不了，反而会增加新的矛盾和问题。这就要求企业家要立足于员工的实际情况，厘清原则界限，把工作做扎实。

但凡伟大的企业都有一个共性：企业家对于所有企业人都有一种发自内心的敬畏之心。从松下幸之助到稻盛和夫，从艾科卡到比尔·盖茨，从沃森到杰克·韦尔奇，这些经营之“神”固然有着过人的眼光和卓越的领导力，但更为重要的是，他们眼中有“人”，管好了人，自然能成就伟大的事业和企业。

【冬鉴良言】

企业家们要学会管理艺术，制度管人，人情管事。我们自己在分配工作、安排任务、语言沟通上，要讲究艺术性！

员工都是我们的兄弟姐妹，都是我们的家人，从生活上多关心，多照顾，工作上多帮助，多指导。

员工没做好，从我们自身考虑，我是一切的根源，爱是一切的答案。

当员工把企业当家，把工作当自己的事去做，这个团队的力量将非常大。

冷一颗心容易，暖一颗心难，要做好每一个细节，职责明确，流程清晰，赏罚分明。

一碗水端平，打造和谐团队

一碗水端平，是企业家处理与团队（员工）关系的重要原则。

当团队成员发现自己的老板平等地对待每一位员工时，他的心情就会非常舒畅，会斗志昂扬地投入到工作中来。

我曾看到过这样一幅漫画：

一位领导站在一个并不平稳的木板上，手里端着一碗水，碗上面写着“管理”二字。

漫画虽然简单，却向我们展示了一种管理的智慧，即要一碗水端平。

如果企业家做不到这一点，将重心倒向某一端，那么碗中的水就会不断地流失，结果只会空空如也。

碗中的水就好比团队中的成员，企业家如果不能一视同仁，公正、平等地对待每一个成员，就不能服众，团队的工作积极性和主动性也将会逐渐减弱，导致整个团队人心涣散，工作进展不力。

小贾在一家汽车4S(整车销售、零配件、售后服务、信息反馈）店做销售员，由于工作能力很强，他每个月的业绩都比别人高出很多，经理非常欣赏他。但凡有什么好事，经理都会算上他一份，他偶尔犯点错误，经理也睁

一只眼闭一只眼。

经理的本意是鼓励大家向他学习，以提升部门的整体业绩。

但事与愿违，其他业务员总觉得经理偏心，眼中只有小贾一个人，他们越来越消极，一点工作激情都没有。

而小贾也恃宠而骄，仗着经理的偏爱，经常迟到早退，还时常炫耀经理与他的特殊关系。时间一长，其他业务员的工作热情都没了，销售部的业绩一落千丈。

显然，这位经理正是犯了一碗水端不平的大忌，触犯众怒。

团队不是凭一两个人就能建设好的，如果没有其他人的共同努力，最终必然会导致人心涣散、分崩离析。

看上去将一碗水端平很容易，但实际做起来，却并非那么简单。企业家朋友们不妨从下面两点着手，尽量让自己做到一视同仁。

第一，放下偏见。

如果企业家对出色的员工另眼相待，对平庸的员工心存偏见，就会造成不良结果：员工之间有了差距和隔阂，后者非但不会向前者学习，反而会因为忌妒、憎恨、不满而消极颓废。后者会产生这样的想法：既然老板这么偏向他，觉得他了不起，那就让他去做所有的工作好了。

心存偏见，对人另眼相待，从本质上说，这两个问题是相互依存的，凡是对一些员工心存偏见的企业家，必然会对另一些员工另眼相待。

第二，摒弃私心。

真正智慧的企业家并不是任人唯亲，而是唯才是举，他们从不借助自己的权力为亲人朋友谋取好职位，而是让他们接受锻炼，凭借自己的能力，去争取自己想要的职位。

闻名于世的松下电器是一个讲求团队和谐的企业。

长期以来，创始人松下幸之助对员工的任用要求十分严格，其中必不可少的一点就是能够将自己融入团队，和团队协同作战。

松下幸之助认为，将众多高智商的人才聚拢到一起，不见得就一定能使工作顺利开展，而只有分工合作、精心搭配、齐心协力，才能创造辉煌的战绩。

因此，在用人方面，松下幸之助更注重员工之间的相互配合，一碗水端平，让每个人都发挥自己的聪明才智。

每个人都有长处和短处，所以要想做到取长补短，就要在分工合作时，考虑每个人的优缺点。

针对这一点，松下幸之助认为不一定每个职位都选择精明能干的人来担任。在管理层看来，如果把几个一流的人才集中到一起，那么每个人都会觉得自己的主张好、想法对，这样就会有多种意见，计划必将无法推动，行动自然就会迟缓，势必严重影响到整体的工作。不过，如果几个人里有一个特别优秀的，其他的人相对平凡，那么这些人就会心悦诚服地遵从那一位优秀的员工，工作也就能够顺利进行了。所以，在一开始招聘时，松下幸之助不但要看应聘者的才能有多优秀，更看重其是否有良好的团队合作精神。也正是遵循这样的用人原则，使得松下电器取得了如今令人称赞的巨大成就。

松下幸之助之所以在这些方面做出努力，是因为他知道，要构建和谐团队，提高效率，并不是一个人的事。团队是由一个一个的人组成的，要想提高整个团队的合作精神，就要从培养员工个人的和谐精神做起。

要实现这一点，自然离不开企业家的思考和行动。

企业家可以从以下三个要点着手打造一个和谐团队，如图 8-1 所示。

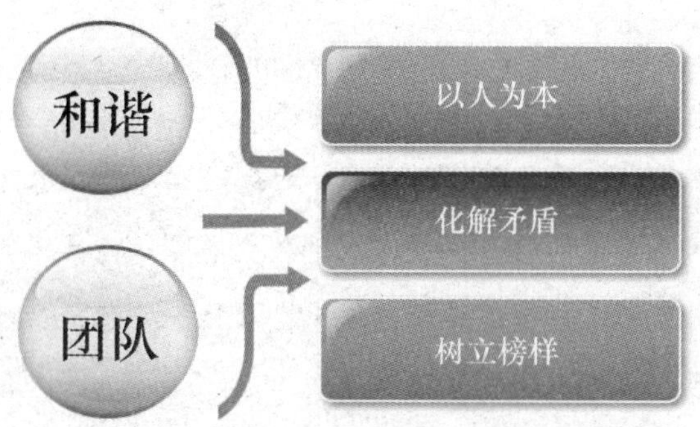

图 8-1 打造和谐团队的三个要点

1. 以人为本

以人为本是和谐的核心内容。以人为本，绝非指满足某个人的私欲，不允许个人行为对团队的整体形象造成任何破坏，更不允许因个人利益对团队整体利益造成损害。以人为本的管理工作要以团队成员的合理需要为出发点，以团队中多数成员的利益为重心，最终落脚点是人的合理需要和团队的利益。

作为企业家，关心员工、爱护员工、尊重员工，能够公正地评价、一碗水端平是以人为本的有力体现。

2. 化解矛盾

和谐团队的构建是一个不断化解矛盾的过程。因为和谐的团队不是天生的，它是在个性有差异、价值观不同、能力有别的众多人的基础上，慢慢建立起来的。在相互了解和彼此包容的基础上，团队成员才会以宽容、体谅来弥补不足，合作中的分歧才不会演变为矛盾，和谐也因此而生。

3. 树立榜样

企业家一定要树立榜样，同时注重培养员工相互了解和包容的精神，让团队中的每个成员都懂得换位思考，体谅对方。如此一来，每个成员就会充分意识到集体力量的强大，也会看到自己在团队中的重要作用。当你的团队成员都具备了这样一个好的心态和精神，你就不愁建设不出和谐的团队。

【冬鉴良言】

一条河流里的水如果不能汇入大海，终会有干涸的一天；一个人的力量再强大，如果只是单枪匹马，也难以成就理想的事业。真正的成功来自和谐的团队，只有团队中的各个成员团结起来，心往一处想，劲往一处使，才能产生巨大的力量，最终走向胜利。

身为企业家，就像一艘战舰的舵手，把握着整个团队前进的方向，打造和谐团队，让所有人拧成一股绳，拥有巨大的力量，才会推动团队的建设和发展，才会创造出最大的利益。

以静制动，冷处理不等于不处理

在时机不成熟，或者不宜主动协调内部矛盾的情况下，企业家可采取冷处理的手段，由此达到以静制动的效果。只是，冷处理要把握好尺度，冷处理并非不处理，而是根据情况而变，选择恰到好处的时机。

林某在一家地产公司担任总经理。一次，他的两位员工因方案冲突而产生了矛盾，闹到了总经理办公室。林某没有急着听他们各自的方案，而是请他们坐下，亲自给他们倒了茶，请他们喝完茶先回去，然后分别见他们。

随后，两个人先后单独来到总经理办公室，结果自然是“公说公有理，婆说婆有理”，两人的方案虽不同，但各有各的道理。不过林某已经把事情的原委弄清楚了。林某没有说谁是谁非，只是温和地说：“事情我已经清楚了，完全没有必要吵得这么凶，虽然你们因为设计方案吵了起来，但是出发点是一样的，都是为公司的利益着想，所以不存在根本的冲突。回去以后再好好想一想，互相取长补短，争取合作拿出一个更好的方案。”

总经理这样一说，两位员工也只好点点头。经过几天的冷静思考之后，两位员工都有所收敛，互相给对方道了歉，开始一起研究新方案，最终他们想出了两全其美的解决办法，彼此之间的争执也烟消云散。

林某所用的方法十分有效，他在员工激烈争论的时候，先不去评判谁对谁错，而是先让他们缓一缓，冷静一下，了解清楚真实的情况，这时候再提一些有利于双方合作的建议，他们自然就乐于接受了，而对工作本身也会更为有利。

当然，冷处理的方法有很多，各位企业家朋友完全可以从实际出发，根据具体情况具体分析，有针对性地使用。

对企业家而言，冷处理更应该是灵活应对，而不是一味地过冷或者过热，弹性处理才是经营的智慧所在。

要想做到这一点，需要企业家根据自身的特点来定义事情的轻重缓急，以下两点能帮我们成为优秀的决策者。

1. 顾全大局

顾全大局就是指企业家可以看到某件事对整体形势所产生的影响。

对于这一点，需要提醒的是，企业家首先要让自己从问题中抽离出来。因为当身处问题之中时，人们很难看清眼前的问题。正所谓“不识庐山真面目，只缘身在此山中”，要想看清整个问题的矛盾所在，我们需要暂时“离开”一下，以便更客观地看清问题。

2. 采取行动

冷处理不是完全不管、不处理。我们在做某项决策时，如果总是想大家会怎么看待这件事，那么我们就很难成为一名自信的企业“最高决策人”。适时出击，化解矛盾，问题才会得到解决。

【冬鉴良言】

俗话说："林子大了，什么鸟都有。"话虽然俗了点，但道理却是不容置疑的。一个团队中的成员个性不尽相同，有含蓄内敛的，有开朗大方的，可以说个性迥异。因此，大家在相处和共事的过程中难免产生矛盾，如果矛盾得不到及时化解，久而久之，就有可能产生冲突，影响到正常的工作。要想成为一个合格的企业家，就要在处理这些难题上多下功夫。

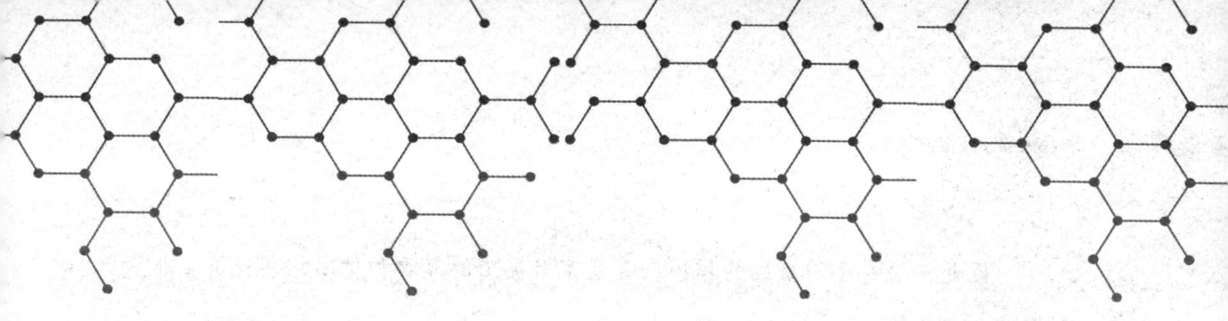

第九章 点燃激情，调动全员的积极性

用激励挖掘才能，每个人都是不一样的烟火

要想经营好一家企业，离不开企业家清醒的头脑和清晰的认知。

每个人的潜力都是巨大的，每个人都是这个世界上不一样的烟火。如果企业家肯用心去挖掘员工的优势，在未来某天，员工或许就能为企业团队创造出惊人的效益。

◇◇

看过《杰克·韦尔奇自传》这本书的人，想必都会对韦尔奇的便条式管理印象深刻。该书后面附有韦尔奇写给别人的便条。这些便条多是韦尔奇的赞赏、表扬和激励，同时也正是这些便条，在完善韦尔奇管理理念的过程中产生了十分巨大的作用。

其中的一条这样写道："我非常赏识你一年来的工作……你准确的表达能力以及学习和付出精神非常出众。需要我扮演什么角色都可以——无论什么事，给我打电话就行。"

类似这样的便条不胜枚举，它们充满了浓浓的人情味。

因此，不要小看激励的作用，企业家对员工的尊重和付出，会让员工非常感动。

激励是让员工努力工作的驱动力，员工的很多行为都是受到激励而产生的。如果一个人的上司是个善于激励员工的人，那么他便会自发地发挥主观能动性和自身的才能，全身心地投入到工作中，确保团队实现既定目标，推动团队发展。如果一个企业家吝惜激励，员工的工作积极性就会大打折扣，员工甚至会选择离开。

林某是个入职不久的员工，每天都神采奕奕的，好像身上有使不完的劲儿。

一天，她兴高采烈地回到公司，正巧经过老板的办公室，见门开着，她抑制不住地走进了老板的办公室，热情地对老板说："老板，特大喜讯！我那个难缠的客户今天终于同意签约了，而且订单金额比我们预期的多30%，如果不出意外的话，这将是我们部门这个季度利润最高的一笔订单。"

林某满心兴奋地等着老板表扬她，但老板的反应却很冷淡："我知道了。我问你，昨天开部门会议的时候，你怎么不在？"林某说："我那时候正在和客户谈订单的事情。"

故事中的林某在寻求老板的激励时，不仅没获得肯定和认可，反而因为没有请假而挨了一顿批评，这严重地挫伤了她的积极情绪。故事中的这位老板是很不懂得管理之道的，长此以往，他的部门就可能变得一团糟。

激励的力量是强大的，受到激励的员工会加倍努力地工作，以达到公司制订的目标，创造出色的业绩。

麦肯锡咨询公司曾针对高层和中层管理人员做了一项调查，结果表明，有大约 60% 的人认为自己曾效力的团队，其企业家不够称职；其中 86% 的员工承认，他们离开公司正是由于得不到企业家的鼓励，在这种不称职领导的带领下，他们为公司创造利润的能力大大降低。但他们也表示，如果受到一定的激励，他们就会做得很出色，为公司创造更高的利润。

此次调查的负责人表示：在同一家公司中，不同团队的业绩与其成员的士气有着非常紧密的联系。员工对自己所在团队的满意度越高，他们的团队就越有可能成为公司中卓越的集体。反过来说，如果员工对自己的团队不满，他们的团队业绩在公司中就会一落千丈。

员工是立业之本。

从某种意义上说，员工的积极性会决定公司的效益。韦尔奇的激励电话让员工觉得自己得到了尊重，他们很有成就感，工作热情就会空前高涨，由此产生的强大动力会推动公司飞速前进。

有人对日本人给予过这样的形容，说他们是“只知工作的蜜蜂”，会“工作中毒”。其实，这种高昂的工作激情与日本企业中的激励机制是分不开的。美国哈佛大学的一位权威教授曾在自己的著作中指出：通过对员工的激励研究发现，实行计件工资的员工，其能力仅发挥了 20%~30%；在受到充分激励时，其能力则可发挥 80%~90%。也就是说，同一个人在受到充分激励后所发挥的能力，相当于激励前的 3~4 倍。

企业家可以通过语言对员工进行认可，或者通过表情的传递，让员工感受到自己被重视、被认可，但要有一定的激励准则。这些激励准则如下所示。

- 分配给员工的工作要适合他们的工作能力和工作量。
- 公平竞争，论功行赏。
- 通过基本和高级的培训计划，提高员工的工作能力。
- 从公司内部选拔有资格担任领导工作的人才。
- 不断改善工作环境和安全条件。

- 实行合作态度的领导方法。

企业家应当认识到，未来经营企业的重要趋势之一，必将是企业家不再像过去那样扮演权威角色，而是想方设法以更有效的方法，激发员工的内在潜力，为团队创造更好的效益。

【冬鉴良言】

在现代社会里，金钱的确很重要，但并不是第一位的；

房子也很重要，但也不是第一位的；

对企业家而言，激励是比金钱、房子更重要的。

作为企业家，你可以通过金钱买到员工的时间为你付出，你也可以通过房子来约定员工为你的企业服务；但是，你不可能买到员工的工作热情，没有正确的激励，自然得不到员工的全身心投入。

激励的模式不可能一成不变，我们要密切观察在不同的发展阶段，员工对物质奖励和精神奖励的需求，循循善诱，不断改变激励的内容和形式，这样企业发展才能生生不息。

别吝啬你的赞美，好情绪会传染

调动积极性、点燃激情，除了要用好激励手段，还要用正确的赞美方式。

如果你想要唤起员工的信任感和归属感，让其身心愉悦地接受表扬，并在工作中更加积极地发挥自己的才华，就请别吝啬你的赞美。

如果你问一百个人喜欢真诚还是喜欢虚假，那么就会有一百人回答喜欢真诚。

只有真诚的东西才会被人们欣然接受，即便是人人爱听的赞美之言也不例外。

反之，如果企业家的表扬毫无诚意，只是为了达到某种目的而说的，员工就会对其充耳不闻、不以为然，而且会觉得领导很虚伪、功利。

邱某是一个器械公司的老总。

他以前和员工的关系不冷不热，目前急需赢得员工的心。邱某日思夜想，终于想出来一个主意，他决定用和员工套近乎的方式，来俘获员工的心。

可是具体怎么做，邱某尚不清楚，于是他就开始运用万能的"网络搜索"。在网上，邱某看到一个说法："要建立好的人际关系，首先要学会赞美别人。"于是，他照葫芦画瓢，每天都去赞美员工，但是并没有收到什么好的效果，员工对他的态度反而更加冷淡了。邱某非常生气：现在的员工太不知好歹了，我堂堂一个老总屈尊去赞美他们，他们居然还摆架子，我真是热脸贴在冷屁股上。真的是员工不知好歹吗？其实不然，是因为邱某的赞美太不真诚。

一天早上，员工小何刚进办公室，邱某的脸上就堆满笑容说："哎呀，小何，你这裙子真不错，是今年的新款啊，我昨天刚在一本杂志上看见，好多电影明星都穿呢，你穿上之后，也很有明星气质。"谁知听了他的话，小何毫无欣喜之情，她淡淡地说了一句："是吗？邱总，您看的是两年前的杂志吧。"

原来，小何的裙子是两年前买的，根本不是流行款式。邱某从来不看时尚杂志，他是为了讨好小何，才编出一套赞美之词，没想到小何丝毫没给他面子，而是揭穿了他。最后，他只好悻悻地走进自己的办公室。

显然，这位企业家毫无诚意的赞美，最后不但没有拉近自己和员工的距离，反而招致员工的厌恶。

身为企业家，一定要懂得，真诚是赞美的基石。有了它，赞美的力量会更加强大。

郭某是个腼腆自卑的女孩。毕业后，她进入一家杂志社工作。面对众多文采出众、出口成章的有才同事，她十分自卑。她在公司的大部分时间都一个人待在电脑前敲键盘，几乎不与别人交谈。

一天，主编给大家布置了一个任务：给当下一部很火的电影写一篇影评。直到今天，郭某已经回忆不起来她写的那篇影评有什么独到之处，主编给的评分究竟是多少，但她清楚地记得，主编拿着她的稿子，满脸真诚地对她说："写得非常棒。"这让她永生难忘。

就是这句真诚的赞美，改变了郭某的人生，她说："在听到这句话之前，我对未来非常迷茫，我不知道自己选择与文字为伴的工作是否正确，不知道自己在这行可以取得什么成绩，也不知道自己可以坚持多久。但是，听了主编真诚的赞美之后，我开始夜以继日地写文章，还不时地写一些小说，这是我一直梦想着，但从来不相信自己能做的事。"

在那段时间里，郭某写了许多文章和情感小说，她经常把它们带给主编评阅。在主编不断赞美和鼓励下，郭某的信心倍增，文笔得到提高，她进入了一种全新的工作状态。几个月后，在主编的推荐下，郭某成了情感版的主笔，她细腻的文风受到了很多读者的喜欢，杂志销量节节高升。在公司成立3周年的庆祝晚会上，她给主编深深地鞠了一躬，说："主编，我永远忘不了您说我写得非常棒时的真诚语气，是您给予了我信心，坚定了我与文字为伴的信念，谢谢您，您改变了我的人生轨迹。"

企业家要做到真诚赞美员工，除了心诚之外，还需要以下技巧。

1. 不说官话、套话

员工希望得到领导的赞美，而且是能真正表明他们价值的赞美。如果企业家只是对员工讲些“才华横溢”“前途光明”“很有发展”之类的套话，就很难达到赞美的预期效果。所以，企业家要有针对性地对员工进行赞美，比如“你的沟通能力很不错”“你很有销售的天赋”等。要做到这一点，企业家就要加强与员工间的沟通，多关注他们的工作情况。

2. 赞美要不着痕迹

要想有效地使用真诚的赞美，企业家还要注意这种赞美必须不着痕迹，千万不要一语多关，在赞美中包含一些暗示性字眼。

我认识的一位企业家朋友经常要求一个员工帮他做工作总结，但员工总是不能按要求完成。有一天，企业家发现员工将总结写得非常好，于是对他说：“我很高兴看到你把总结做得这么棒，真是太阳从西边出来了。”

这个企业家的赞美就如同给了员工一个甜枣，马上又给了一个巴掌一样，员工根本没有接收到他发出来的赞美，只收到了嘲讽。

因此，真诚的赞美必须是单纯的，不要暗含其他意思。

3. 赞美要具体，切忌过于笼统

有的企业家也会赞美员工，但总是收不到好的效果，原因就是他们总是用笼统的话语赞美员工，比如“你真聪明”“你的工作能力真强”。这样的夸赞会让员工觉得他们非常不真诚，只是随口说说而已。

作为企业家，应该这样说赞美的话，比如，员工剪了个新发型，你可以这样赞美：“这个发型很适合你，显得你很有精神。”

又如，员工完成了一个不错的方案，你可以这样夸赞：“这个方案很有独到之处，值得我们部门的所有策划人员学习。”

【冬鉴良言】

美国著名作家鲍勃·纳尔逊表示：在恰当的时间，从恰当的人口中道出一声真诚的感谢，对员工而言，比加薪、奖励或获得众多的资格证书及勋章更有意义。这样的奖赏之所以有力，部分是因为经理人在第一时间注意到相关员工取得了成就，并及时地亲自表示嘉奖。

对于员工自身存在的优点和取得的成绩，企业家应该发自内心地感到高兴，并满怀真诚地说出赞美之词。这种充满诚意的赞扬，会让员工受到感染，可以激发他们更大的工作热情与干劲。

不失分寸的负激励，更能让人爆发潜在能量

企业家要想让员工成为职场上呼风唤雨的蛟龙，时刻调动起员工的积极性，还要适当运用负激励的方式，在适当的时候给予他们批评，让他们感觉到压力的存在，进而产生更大的动力。

在管理学中，有一个“正负激励”理论：正激励就是当一个人的行为符合需要时，通过奖赏的方式来鼓励这种行为，以达到持续并发扬这种行为的目的；负激励是当一个人的行为不符合需要时，通过制裁的方式来抑制这种行为，以达到减少或消除这种行为的目的。

很多时候，负激励的效果要大过正激励。

一些企业家认为批评会带来负面的压制，但从实际应用的效果来看，批评可以帮助员工了解和正视自身存在的缺点和不足，并及时寻求方法改正，取得快速进步。

每年上半年，企业家翟某就会受邀参加某机构组织的文案评审活动，参加这个活动虽然没有多少酬劳，却是一项荣誉。很多同行业的人想参加却找不到门路，也有人参加过一两次，但就再也没有被邀请过。因此，身边的企业家朋友对翟某可谓是“羡慕、忌妒、恨”。按常理说，这样的工作应该邀请业界的顶尖企业家，或是资深广告人，但翟某似乎两头都不占，为什么还能年年获此殊荣呢？

直至翟某第六次参加这个活动，有人问她其中的奥秘时，她才向大家揭晓了答案。

原来，翟某之所以能年年受邀，与她的出身背景和职位没有关系，主要原因是她能真诚地给别人激励，委婉地给予批评。当她发现某些问题时，她会在活动结束之后，找来文案的策划人员，委婉地告诉他们文案中存在的缺点。

很明显，翟某的这种做法不会伤害策划人员的自尊心，承办方对她的这种做法也很满意，非常尊敬和喜欢她，所以，年年都会特意留一个评审位置给翟某。

适当批评是很有效的逆向激励手段，如果企业家羞于批评，员工就不会明白自身存在什么缺点，更谈不上改正缺点。

玫琳凯化妆品公司在创业时期只有9个人，时至今日，玫琳凯已经发展成为世界上几大护肤品和彩妆直销企业之一，在全球拥有5000余名员工。它的创办人玛丽·凯被称为“美国企业界最成功的人士之一”。

玛丽·凯是一个出色的企业家，她在批评员工时一直奉行着一个原则：不管是什么事情，必须先说员工值得表扬的地方，之后再说批评的话，而不能只批评不表扬。她表示：批评应对事不对人。在批评员工前，要先设法表扬一番，或者在批评后，设法表扬一番。总之，应力争在一种友好的气氛中开始和结束批评。

玛丽·凯原来有一个工作能力很不错的的女秘书，但因为工作需要，女秘书被调到别的岗位，继任者是一个刚刚毕业的女大学生。新来的女大学生有一个毛病：打字总是不注意标点符号，这让玛丽·凯读文件时非常吃力。

有一天，玛丽·凯对女大学生说："你今天穿了一套漂亮的衣服，显得你既美丽又大方。"女大学生听到老板对她的赞美，十分惊喜。玛丽·凯接着说道："尤其是这排纽扣，点缀得恰到好处。所以，我要告诉你，文章中的标点符号，就如同衣服上的扣子一样，注意了它的作用，文章才会易懂并条理清楚。你很聪明，相信你以后一定会更加注意这方面的。"

从那以后，女大学生改变了工作态度，变得非常细心，做什么事情都有条有理。

在实际企业经营工作中，企业家运用负激励的方式时，也要讲究技巧。运用得当，批评可以改变员工，将其引到正确的路上。否则可能让员工从此萎靡不振，找不到奋斗的方向和动力。企业家应注意以下几点。

1. 婉转的用语更易产生理想效果

简单粗暴的批评非但不能实现负激励的最终目的，反而会弄巧成拙，激起员工的逆反心理。相反，用委婉的方式批评员工，就比较容易让员工改掉缺点，可以收到事半功倍的效果。

2. 避免在人多的场合进行

在我国古代，有位教书先生，他的弟子非常多，可谓桃李满天下。一次，一个同行问他："我们同是教书之人，我读的书还比你多，学问比你强百倍，为何你会有那么多的弟子跟随，而我的弟子却屈指可数，你究竟有什么秘诀？"

他微微一笑，答道："我的秘诀就是，当有弟子犯错，我要批评他时，我一定将他叫到我的房间里，在没有旁人的场合提醒他犯错了，仅此而已。"听者若有所思，点了点头。

对管理学有所了解的朋友，大多都知道这样一条重要的法则：对一个人的表扬，尽量用公文，而对一个人的批评，最好用电话。

表扬是对员工的肯定，也是对一种好的工作态度的弘扬，用公开的方式，可以起到很好的公示作用，让其他员工学习。

批评是另一种意义上的激励，它可以让员工对自己身上出现的问题有深入的认识，但不适宜在众人面前对员工使用。企业家应当尽量私下批评员工，这样，在解决问题的同时，可以最大限度地维护员工的自尊心。

3. 给批评加点"糖"

有的企业家信奉"忠言逆耳利于行"，当员工犯错后，直接将员工叫进办公室，然后直奔主题，批评员工所犯的错误。这样没有铺垫的批评方式往往会让员工很反感。要想让员工真心接受批评，企业家就要在批评外面加点"糖"。

【冬鉴良言】

如果把赞美看作企业家给员工送来的一缕阳光，那么批评就是一面心灵反光镜，能让员工更加客观而真实地认识自己。企业家适当地赞美员工，会让员工如沐春风、动力十足；而不失分寸的批评则如三月小雨、润物无声，可以让员工敞开心扉，爆发潜在的能量。

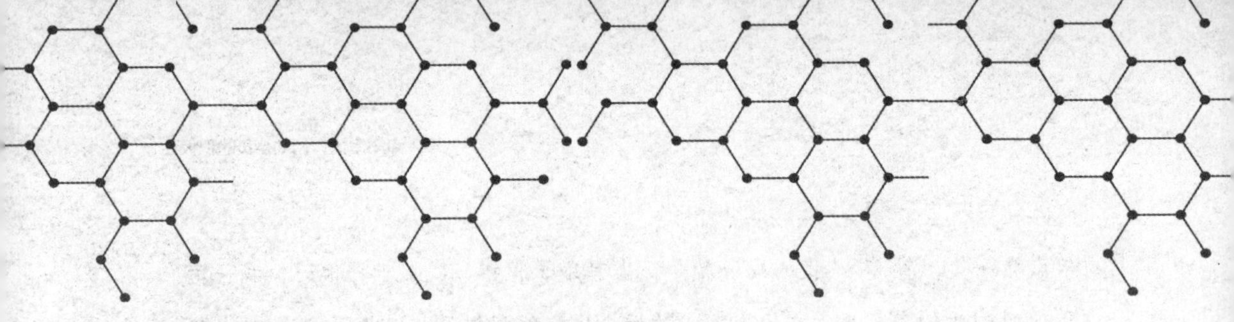

第十章 引爆行动，让企业战略落地开花

企业执行不力的根源何在

身为企业的“领头雁”，你是否思考过这样的问题：企业执行为何总是停留在 80%？团队的执行力就不能再高一点点？

执行是企业发展的动力，是战略落实的途径。

很多企业虽然墙上有制度，员工手中有手册，但缺乏到位的执行，因此即使企业家有一腔抱负和种种规划设计，战略始终无法落地。

执行不力，一般来说具体表现很多，比如，有的是部门之间配合不力，甚至相互设立阻碍，有的是员工拒绝投入注意力，总是把工作停留在 80%，还有的是企业家无法控制整个企业的经营管理，导致失控局面经常发生。

事实上，执行不力带来的恶果，比一家企业缺乏良好的管理策略还要糟糕。因为执行不力造成的是一种困境，即无论企业家如何努力，都不能产生必要的效果，这种困境会让整个企业陷入恶性循环之中而无法自拔。

因此，企业家有必要去分析，企业经营怎样才能用制度来强化管理，用制度来驾驭人性，激活人性中善的一部分，杜绝恶的一部分。而在此之前，寻找执行不力的具体原因，成了必须重视的阶段。

一般来说，执行不力，通常有两方面的原因：管理和执行。

1. 管理

管理方法的不到位导致布置任务的缺乏，并影响到执行过程。比如，管理上的控制、奖惩无力，考核形同过场，检查缺乏细致，再加上机制上的明显漏洞、缺乏必要的示范，以及跟踪指导和培训上的不足等问题，会让管理变得软弱无力。而布置任务过程中的缺乏标准化、流程化、量化和细化，会导致规范和制度无法得到切实操作，决策和计划不务实。

2. 执行

执行又可以分为两点。

第一，工作态度问题。

执行者本身的诚信度、敬业程度和个人品德，明显影响到工作状态和执行结果，他们的责任感、忠诚度和廉洁度，也影响到服从纪律性、组织责任感、组织利益的高低，这些方面的缺陷，会让个人与团队之间、个人与个人之间、团队和团队之间的合作效能降低。

第二，工作能力问题。

不同的人有着不同的知识、经验、智力和水准，如果执行者整体在某方面的水准较低，执行自然就很难到位。

归根结底，执行者是在制度体系下工作的，如果制度体系能够很好地约束和影响执行者，他们身上可能出现的问题就会得到有效预防，他们也能控制其带来的风险。

“一个篱笆三个桩，一个好汉三个帮。”企业的发展离不开众人的共同努力。一个人的能力再强，也有照顾不到的地方，但是团队就不一样了，因为团队是一个相互协作的战斗集体，每个人都有各自负责的事务，在相互协调、相互帮助下，很多问题都能得到解决。

企业家不仅要自己掌握这种方法，而且在企业中为其他员工做指引的时候，还要将这一思想灌输给每个人，让员工学会借助团队的执行力达到所期望的目标。

首先，用制度来培养员工在执行过程中的工作态度。制度的约束，不仅仅是让员工去完成手头的工作，更是为了让员工培养良好的工作习惯，进而将其上升成为积极的执行态度。因此，企业家必须设计合理的制度，从员工的现有态度基础出发，确定出必要的规则，并能够引导员工遵循。

其次，用制度来管理员工在执行过程中的权力。员工工作有权力是必要的，但某些员工会滥用这些权力，并导致工作全局出现问题。因此，企业家在设计和利用制度时，必须预想到员工可能出现的滥用权力情况，并通过制度内的预先设计进行防范，从而避免权力过大导致员工的执行发生偏差。

最后，用制度来提升员工在执行过程中的工作能力。良好的制度会提升遵守制度者的层次，这种提升不仅仅是指在工作业绩的提升，同时也包括了能力的提升。出色的能力往往来源于较好的环境，因此，制度应该被用来鼓励员工之间的相互交流和配合，从而保证员工可以在这种交流和配合中得到工作能力的提升。

【冬鉴良言】

每次在培训课上，我都会强调团队的重要性，并建议每家企业建立起一些专管各部门的执行团队，例如销售部门要有销售团队、生产部门要有生产团队等。没有建立团队之前，企业的员工就是一盘散沙，各自为政，将他们打造成一支执行铁军才能更有凝聚力、更有目标。另外，将这些团队建立起来之后，还要对成员进行分工，告诉他们各自负责的板块，否则可能导致工作中出现漏洞或者是越权的行为，那样对企业的管理来说也是没有任何好处的。

要想成为一名合格的企业家，不仅要提升自身的实力，还要学会借助他人的力量。

真正精细化的管理，最终都会实现执行的标准化

如果说一定要为企业经营找到一个秘诀，那么，分析不同的成功企业，我们可以发现，这些企业的管理和经营都早已脱离了粗放的阶段，升华到细致入微而精益求精的体系之内。正是拥有成体系的精细化管理，才会有征服消费者和市场的产品和服务，企业才能因此而不断增强。

随着经济的高速发展，在现有的市场中，一般企业已经很难指望低成本、高利润、劳动密集等优势迅速成功。善于经营的企业家，总是要想方设法通过管理上的不断精细化来提高企业的执行力。正是因为有了管理上的精进，执行才会越来越标准。

企业如同一台精巧的时钟，如果想让时钟能够走准，必须控制好分针的运行，如果要保证分针运行的精准，又需要控制好秒针。因此，在企业的运行中，所有执行项目的管理，都应该体现在细节的管理上，对执行的控制，应该具体体现到每个流程制度上，体现到员工每次动作的规范上，以此体现到每个人每天操作过程的改变上。

真正精细化的管理，最终都会实现执行的标准化，也一定会形成严格的程序化。

从这个意义来看，科学的管理必然是精细化管理，必然是力图让每个环节都能数据化的管理。只有真正实现精细化管理，企业内部的执行力度才能由上至下相应变强，而执行的准确度才能得到精确保持，精细化是执行的利器，也是执行的目标。

企业竞争中，成功者和失败者之间的差距，不一定来自智力或体力上的差距。同样，在市场上，成功企业和失败企业之间的差距，不一定来自成本或者销售

上的差距，而是来自企业家能否既学会管控大局，又学会照顾每一个岗位和每一个员工。

某企业邀请来一位“经营达人”祖某，任公司总经理，希望他能改变公司目前的经营现状。祖某简单了解了一下公司情况：人员流动性大、员工积极性不高、工作效率差、员工水平参差不齐……

评估后，祖某决定采取精细化的方法，他与各部门主管沟通，深入了解员工的执行进展以及存在的问题，他让部门主管设定员工的岗位职责，要求尽可能详细，自己则为这些主管设定具体工作职责，让员工明白自己该做哪些事情，如何做才能算完成。与此同时，他组织人员完善公司制度，促进员工提高执行效率，养成良好的执行习惯。

祖某召集全体员工开会，将企业新制度传达下去，并且督促员工严格遵守岗位职责，还提出一项非常特别的要求——每位员工设计一份执行计划书。

祖某发现，不少人在执行的时候缺乏计划性，常出现手忙脚乱的情况。导致执行效率低，如果有执行计划作为指导，工作便能够有条理，他会不定期检查员工的执行计划表，一旦发现不妥之处，会立刻要求对方修改。

为了提高企业的整体执行力，他还设计了培训机制，由于员工自身情况不同，他们所需要参与的培训课程也不一样，他先将员工进行分类，再有针对性地开展培训，使得执行效果最大化。

同时，他改革了原有的薪资制度，之前是按岗位定工资，并且一成不变，与员工业绩好坏没有直接关系，导致部分员工缺乏执行积极性。他设计了业绩考核体系，并附上详细的考核指标，例如：销售员完成全部销售任务，提成为基本工资的100%，完成80%任务，提成为基本工资的80%……以此类推，销售员便知道自己的目标了；主管可以为员工“打分”，他们的出勤率、工作完成率、误差率都能成为衡量员工优秀与否的指标。

他很重视员工设计的报表，并在原有基础上，将报表内容细分，做到“日报、月报、年报”面面俱到，他要求员工尽量用数据反映执行问题，少用文字性描述，更不能用“大约”“好像”“应该”等模糊性词语，用数据反映问题，既了然又深刻。

半年后，该企业经营状况出现好转，不仅员工的执行状态发生很大变化，企业整体氛围也严谨了不少，各环节紧密联系，误差率明显减少，即使发现差错，员工也能在第一时间找到问题所在，并及时更正。

不少企业家认为，应当将提高企业整体能力放在首位，殊不知整体由一个个员工、一项项工作组成，只有管理上面面俱到，才能保证每个执行的环节井井有条，就像机器内部的一个个齿轮，如果某个齿轮发生故障，机器就不能正常运作。

精细化管理需要企业家凡事都考虑企业的所有执行环节，甚至所有人。如果忽略其中某一个，都可能导致整体“罢工”，不少企业家会产生误解，认为只要多关注“重要部门”即可，其他部门无所谓，这种错误思想很可能导致日后经营出现多重漏洞。试想，企业怎么会存在“无所谓”的部门呢？每一个岗位的设立，都有其价值，企业家不能忽视任何一个员工，因为员工是构成整体执行力的一部分。

当然，企业家需要监督和决策的事情很多，做到关注每一名员工确实不容易，企业家也要适当提高自已的工作效率。实行经营数据化管理很重要，它能免去不少模棱两可的情况，员工向企业家提供各种数据资料，用这种直观的方式，企业家能够很快提炼出企业当前执行情况，能够在第一时间了解企业的运营。

【冬鉴良言】

细节决定一切，与其为提高企业整体执行力而焦头烂额，不如多在细节上下功夫，这也是一种有责任感的体现。作为企业员工，他们所要负责的不过是自己职责范围内的工作，甚至每天需要做的事情都是固定的。而企业家的责任却不是几句话就能概括的，会涉及很广的范围，他们要考虑到每一位员工，他们做每一项决策的时候，都要将整个团队纳入考虑的范围。

很多人不禁要问："精细化管理到底要多细？"如果企业家可以为所有人提供发展平台，他的工作已经做得非常细致了，很多时候，企业家要忘记自己的老板身份，试想自己是一名导师，通过最好的引导方式，告诉员工应该用什么样的态度和方法处理执行问题，引导他们逐步将工作做细，从而在提升自身执行力的同时，提升企业综合竞争力。

做企业家要大气，行动要仔细

无论是基层员工，还是企业家，善于做人和做事是获得职场成功过程中的重要因素。只会做人，不会做事（行动），则徒有其表；只会做事，不善做人，则难以发展；既会做人，又会做事，才能不断发展。

做人，强调的是给他人带来的第一印象和利益，以及对自己心态和行为的调解；而做事，更应该关注具体行为带来的结果和效益。

因此，做人和行动相互影响。做人是习惯上所养成的性格优点，并不完全能在行动上得到体现；同样，让行动成功的习惯，如果照搬到做人方面，也未必能够得到良好结果。只有用不同的姿态迎接两者不同的需要，全面的职场提升才能得以实现。

“做人要大气，行动要仔细”，这句话为所有员工概括出了打造良好职场形象和执行的原则。

做人要大气，是因为企业发展总是存在种种的矛盾和风险，无论是基层员工还是企业家，都会受到这些矛盾和风险的影响。因此，一个不大气的员工，会因为种种意料之外的因素，产生情绪波动，从而导致心态的不稳定，并可能引起人际关系的紧张。另外，一个小肚鸡肠的企业家，往往更多地影响到他的员工和团队，并营造负面的工作气氛。

与之相比，在具体工作中，大气则又成为一种不必要的特点，甚至会带来相当大的负面影响。无论行动过程中怎样的小事和细节，我们都不应当加以轻视并疏忽，应养成细心的行动特点。尤其是企业家，一定要具备对一件事情一抓到底的韧劲，而不能因为手头太多的事务，导致力有未逮，无论哪件事情都想涉及，结果哪件事情都没有做好。

真正的仔细行动，意味着在管理过程中，企业家应该看重小事的价值。一件工作中的小事，可能蕴含了整个团队或企业在执行中的重要问题，如果揭示了这个问题产生的具体背景和原因，全力解决好这件小事，从头到尾建立起一个明确的模式，再将这个模式推广，那么，抓好一件小事的意义将远远超过了这件小事的本身，而是等于抓好了一类事情。

同时，任何执行计划中，没有哪一件事是孤立的，无论是成本的预设、控制、划拨和核算，具体生产过程中的岗位责任履行、技术创新推广，还是尤其重要的销售和客户过程，其中的每一个小环节，都可能影响到该部门的实际工作结果，并波及整个企业的业绩。因此，仔细解决每一件小事，对于企业家来说，不仅仅可以树立充分的管理威信，提高管理效率，也能为解决更大问题做出充足的贡献。

老李是A企业质量部主管，同事们都很尊敬他。某段时间，该企业质检部门检测出大量不合格的B产品，由于事情比较严重，老总马上召集生产部、采购部、质量部全体员工开会，针对B产品所出现的问题，大家踊跃讨论，各抒己见。老李说："这次出现的问题与之前不同，所以我列举了一些可能导致问题发生的原因。"在讲述原因的过程中，涉及生产部和采购部，老李说："一部分B产品的表面有划痕，可能是因为机器在生产的过程中没有调试好，导致尺寸不符合标准，产生了划痕，还有一部分B产品出现严重色差，可能是这次使用的原料有问题。"其他两部门主管马上反驳老李的话，还极力为自己"辩护"，会上没有讨论出最终结果，老李决定找其他两位主管一起寻找原因。

会议刚刚结束，生产部主管就说："老李，刚刚在老总面前也太不给我面子了。"采购部主管说："要调查原因可以，但是这几天我都没空，等我有空再说吧。"

老李知道他们是在刁难自己，肯定不会配合工作的，但是B产品一直在生产，如果不早一点查出问题所在，公司就会出现更大损失，想到这里，老李把个人情绪放到一边，找两位主管认真沟通。

他们最终答应尽快配合老李调查原因，下午，三个部门的员工就此开展工作，只见老李拿着放大镜，仔细观察每一件有问题的B产品，不放过任何执行细节，他要求生产部主管将产品"模拟入槽"，检查是否为机器调试问题，又请采购部主管分别测试每一种原料的效果，找出其中有问题的原料，就这样，他们一直忙到深夜，终于将出现问题的原因找出来，并及时解决了问题，第二天，公司就生产出了合格的产品。

在执行过程中难免遇到令人气愤的事情，如果老是对它们耿耿于怀，情绪就容易受到影响，会导致工作出现差错，不妨做一个大度的人，心中多想工作，别太在意那些让人有思想负担的执行，想法越“单纯”，工作就越容易做好。

在考虑工作的时候，要足够仔细，不放过任何可能性，有时候，行动中一个不起眼的小细节，很可能成为解决问题的突破口。如今越来越重视团队建设，企业家更应该注意每一个小细节，让工作顺利通过每个环节，企业才能像“流水线”一般高效运转。

以下是我在为某企业做培训期间，对员工执行细节的总结。

（1）保证库房配送总包数（配送单）与接收总包数相符，如有未收到的，及时与物流联系查找，防止积压到物流，造成损失或丢失。不要在4个月后供应商对账时才发现，那样由店里会计承担主要责任，店长承担连带责任。

（2）核对每个大包内，每个供应商的货品与随货货单验收一致，若有差异，随时与供应商联系，同时在库房配送单上注明，差异及实收金额，按库房配送单日期核对。每个日期全部核对完毕后，将单子传回库房。

（3）验收时，先找随货货单，找不到货单的，把小包外的供应商床号记录下来，若外包装没有床号的，把大包外的运号记录下来，如12/3-9，即3月12日，第9包，同时把本包内的其他货品与随货货单对准确，再查看库房配送单上的本包记录，即可以找到没有随货货单的供应商床号。知道床号后，查找电话号码，给供应商打电话要货单。

（4）验收时，一定要在随货货单上注明商品分配到哪个类别，方便入库时按类别入库，同时把运号也记录到随货货单上，如12/3-9，方便同时核对同一包的货品。

（5）入库录入时，一定要将供应商档案，商品档案录入准确。

（6）录入商品采购入库单时，同样确定好供应商、商品数量、总金额等信息。保证与验收的随货货单一致，与组内交的接货单（入库单）一致。核对准确后，进行单据审核，同时，在随货货单上的金额栏画“√”确认，同时将录入人员名字、日期签到随货货单上。

（7）录入完毕后，打印商品采购入库单，与随货货单粘贴一起，交会计入账（会计再次审核），然后进行条码打印，必须每录完一次，打印一次，防止多次打印或漏打印。

用这种直观的方式，企业家能够很快提炼出企业当前的执行情况，能够在第一时间了解企业的运营。

当一个明确的目标以及该目标的总体进度被确定下来之后，企业家应该将这个大目标层层分解，当布置到基层一线员工的手上时，它已经是被细分后的一个个具体任务了，这些执行任务通常都必须同时满足以下 5 个条件，如图 10-1 所示。

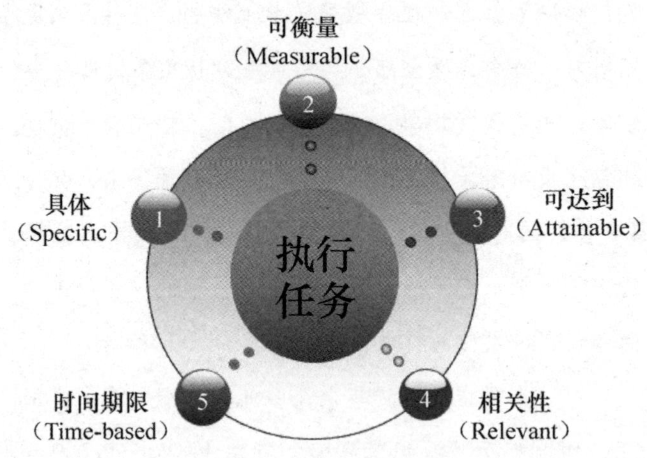

图 10-1　执行任务必须满足的 5 个条件

1. **具体**（Specific）

分解成简单具体的工作任务，基层员工的理解很容易准确到位，确保了与领导企业家的沟通是有效的，员工在执行时不会偏离方向。

2. 可衡量（Measurable）

细化的任务一定是可以用某种标准来进行衡量的，比如工作量可以预见，所要达到的结果状态可以预见等。

3. 可达到（Attainable）

这就是我们通常所说的可行性。如果交给员工一项不可能完成的任务，那么就是企业家在进行无效管理，浪费公司资源。

4. 相关性（Relevant）

任何一项工作的任务的目的都非常明确，必然是带来某种期望中的执行结果，如若不然这项工作就是做无用功，因此与其他目标具有相关性也是非常重要的。

5. 时间期限（Time-based）

基层员工在什么时间内必须完成什么事情，这是建立在科学合理的工作量估算之后的，在这个时间期限之前，反复检查任务的执行完成情况，并随着情况的变化发展而做出合理调整。让命令有理有据下达以后，还要在过程中进行定期检查，这也是当下流行的“过程管理”。因为人们一般有“不需要检查的工作不做”的陋习，老板布置的任务，通常没有说明哪天检查的，完成率不高。有句话说得好，“即使风筝已经飞起来，也要随时根据风向收线和放线”。

【冬鉴良言】

大气，是要有海纳百川的气度，大气之人才能容天下之事，运筹帷幄，成就大事。仔细，便是要做到认真细致，对每一项行动负责，方可事半功倍。大气是一种气度，是做成大事的前提条件，但是大事必须从小事做起，正所谓“万丈高楼平地起”，这两者存在着相辅相成的关系。

凡事从全局着眼，由细节入手。企业家更是要讲究大气，只有目标要求高，定位才会高，起点自然也就高。我国古代大诗人杜甫曾写出“一览众山小”的壮美诗句，正是因为他有“会当凌绝顶”的气概，杜甫怎么实现这一目标呢？就是一步步走上来，并且保持稳健的步伐，从泰山脚下走到泰山顶。而登山的过程，与管理企业的过程一样，先有远大目标，再经过脚踏实地的努力，才能成大事。

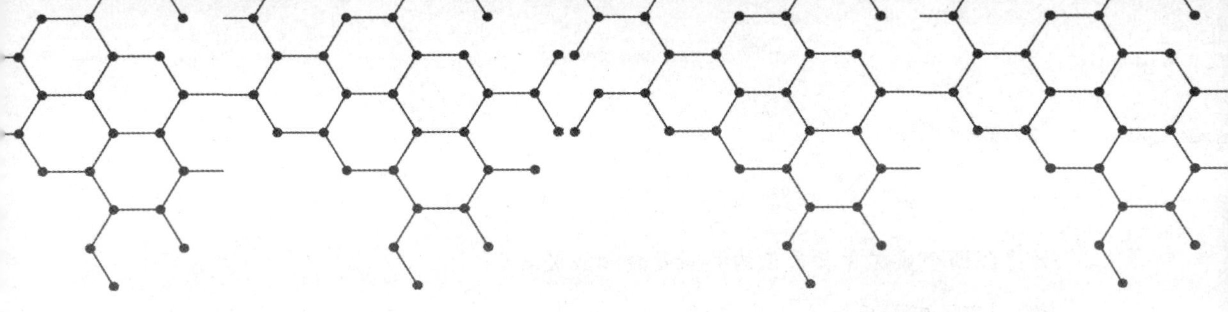

第十一章
传承文化，
塑造企业之魂实现基业常青

企业文化不应是一潭死水

对企业而言，企业文化不应是一潭死水。

换句话说，企业文化来自企业在生产、经营和服务中形成的一系列管理理念，以及在这种管理理念下受到影响和制约的组织和员工行为方式。

随着企业发展的阶段不同，企业文化的内涵也在不断发展，能够引导员工不断明确企业在需要什么，反对什么，并通过遵循这些工作上的规范要求，更加明白企业运营的目标。

值得注意的是，无论上述哪个方面的成长，都少不了员工的成长，只有当员工也在企业文化的成长中分享属于自己的成长时，他们对企业的投入才会更见效。

◇◇

前些年，海底捞作为大陆餐饮界异军突起的一朵奇葩，引起了众多的业内人士充分的关注，甚至有人专门“卧底”进入这家企业当服务员，总结管理经验。而该企业文化的最大特点就是：客户第一，员工第二，管理层第三；

始终强调企业文化和员工的共同发展和成长。

1994 年，后来成为海底捞董事长的张勇，当时只是四川拖拉机厂的电焊工，他用业余时间在家乡支起 4 张桌子业余卖麻辣烫。24 年后，海底捞已经在全国开了约 300 家分店，共有上万名员工。

海底捞认为，人才是企业的基石，单纯用制度和流程，很难打造有吸引力的企业文化，虽然流程和制度的作用毋庸置疑，但仅仅依靠它们无法解放员工的自我成长意识，只是雇用了他们的体力。于是，海底捞开始看重企业文化的建设。

首先需要建设的是物质文化基础，怎样才能让员工对海底捞产生认同感？要让他们将海底捞当成家。为了实现这个目标，海底捞为它的员工安排了正规员工宿舍，配备空调暖气、免费上网，宿舍步行时间 20 分钟可以到店面。海底捞还雇了专人给员工宿舍打扫卫生、换洗被单，并建立了海底捞寄宿学校，为员工们的子女解决教育问题，优秀员工的父母还可以直接拿到公司派发的奖金。

除了在物质条件上帮助员工成长，海底捞在制度文化建设上也同样靠近企业文化建设这一目标。员工的心思要放在工作上，企业必须给他们以响应的权力。因此，在海底捞，财务权力下放给各级部门经理，服务员也有任何情况下免单的权力，几乎所有的高管都是服务员出身，而即使只会任劳任怨苦干的员工同样能获得制度的认可——功勋员工的工资收入仅仅次于经理一点点。

◇◇

正是有了物质文化和制度文化的保证，海底捞才有优秀的精神文化，在海底捞，大家把对员工的培养称为造人。造人是海底捞发展战略的基础，体现在对每个分店的考核上，只有两个指标，一是客户的满意度，二是员工工作的积极性，这样保证了每家基层店面在精神文化上的追求，并保证了员工成长的空间。

很多企业都强调以人为本，但并未把以人为本做到实处。海底捞这种以人为本、稳扎稳打发展企业文化的战略，值得企业界借鉴。

◇◇

1984年创立于中国青岛的海尔集团，现已成长为全球白色家电第一品牌。在企业探索发展道路的过程中，海尔集团逐渐形成精细化管理模式，并重视发展企业文化，海尔集团由此发生了翻天覆地的变化，从最初只有一种产品，全厂职工不到800人，到现在拥有42大门类的名牌产品群，职工2万多人，海尔集团的文化管理，成为越来越多企业学习的“榜样”。

海尔集团将企业文化分为三个层次，最表层是物质文化，中间层是制度行为文化，核心层是价值观，之所以进行分级，是因为要照顾处于不同层级员工的理解力，当然，谁对企业文化理解得更透彻，谁就能胜任更高职位的工作，海尔的文化管理，也体现出其对人才的培养模式。

从20世纪80年代开始，海尔集团就为了争创世界名牌而努力，企业家敏锐地察觉到，创新是企业的灵魂，想要员工树立创新意识，就必须有正确的价值观，做到两种意识相辅相成。让员工有创新精神，就必须把创新渗透到企业管理的方方面面，让员工不论身处何处，都会牢记“创新”二字。

在海尔集团，企业家注重细节，常告诫员工：“只有完善小事，才能做好大事。”正因为员工有这种意识，企业才会保持危机感，做到“如履薄冰”。

海尔集团有一个拥有国际水准的团队，作风严谨，效率极高是它的“标签”，但是，在严格管理的背景下，处处洋溢着人性化。领导的职责是为员工搭建平台，如果员工没有做对，便是“平台”的问题，如果无法提高员工能力，就是企业家的责任，由此导致的结果是，管理层不断完善平台建设，员工不断提高能力，在海尔集团，上下级可以一直保持良性关系，对促进工作有很大帮助。

在海尔集团，所有员工都是文化管理的受益人，企业制定了一套“创新管理法”——OEC。O代表目标体系，表示责任到人，让工作可以量化，并且制定阶段性评审制度，使得管理没有疏漏；E代表日清体系，工作日清月结是提高效率的好方法，加之复审工作，保证日常事务百分之百准确；C代表激励机制，对表现优异的员工进行及时激励，并且保持该机制的公平性，激发员工上进意识。

此外，海尔集团重视培养员工的责任意识，在这里，最常被提到的便是“人单合一”，谁都要负责好自己的业务，养成跟进的习惯，这便是海尔集团能够屹立于全球家电品牌之巅的“秘密武器”。

海尔集团的管理离不开文化，它摒弃一成不变的东西，让创新贯穿于管理始终，涉及企业的方方面面，这样集团才会有源源不断的动力。值得一提的是，海尔集团根据不同类型、不同层次员工的需要，形成了尽可能满足他们需求的企业文化，更加重视培养人才的机制，帮助员工树立大局意识，做到“授人以渔”。

怎样做到让员工同企业共同成长？企业家们需要看到以下几个方面。

1. 关注员工物质需要

员工的成长，不仅仅是思想意识上的推动力在起作用，同他们实际生活中的物质条件也有不可分割的关系。因此，企业建设优秀的文化，不可能脱离物质条件，也不应忽视给员工提供物质上成长和发展的机会。企业家应该想办法为员工尽可能提供物质上的收获，从而帮助他们认识到提升企业文化的重要性。

2. 用制度为员工服务

制度不仅仅是一种工具，也是一种文化，但之所以很多企业的制度不被员工认可，是因为员工并没有从制度中得到教益和帮助。

因此，企业家应该重新审视制度的作用和意义，并制定出更有服务和肯定意识的制度。

3. 通过物质和制度影响精神

一个企业的精神，代表了这个企业文化建设的成果。企业家应当学会把物质和制度层面的收益，转化到企业员工所坚持的信念和理想层面，从而影响他们的精神风貌，加快他们的自身成长。

【冬鉴良言】

企业文化和企业与员工本身的发展成长是密不可分的。从物质层面来看，企业文化的构成包括了企业物质文化，如办公场所、标志、歌曲、文字、媒体传播网络等；从制度层面来看，包括企业的各种规章制度以及其背后的理念，如人力资源理念、服务理念和管理理念等；从精神层面来看，包括企业的核心价值观、企业工作精神、团队形象、企业伦理和企业道德等。这些因素无一不是在具体环境中进行不断发展和变化的。其中，企业文化的精神层面，为物质层面和制度层面提供了思想基础，企业文化中的制度层面，是约束和规范精神层面和物质层面的保证，企业的物质层面是企业文化的外在表现和具体载体。因此，三个层面应相互作用和促进，在动态的共同成长中，促进企业文化的总体提升。

文化建设要从转变观念开始，做个有文化的企业家

在当今浮躁的社会，讨论企业文化这样抽象和长远的题目似乎是很落伍的事情，至少不是很酷的事情。而且很多人表示，六七十年代的人和八九十年代

的人很不一样，和“00后”更不一样，用过时的思想和文化来管理“新新人类”是无用的。

在企业文化的建设中，经常会出现一些比较反常甚至奇怪的现象。这些现象往往在团队中的人看起来并不奇怪，而如果站在团队以外进行观察，则很容易看出这些现象所代表的企业文化的问题所在。

1. 企业文化问题及原因

通常，企业文化问题会集中体现在以下这些方面。

首先，由于潜规则文化的滋长和建立，团队原有的制度文化被侵蚀甚至被取代；

其次，由于管理层文化和基层文化之间的差异，导致形成的决策在团队实际操作中无法具体实施；

再次，由于企业文化的限制和影响，细节总是无法完成到位；

最后，基础错误的企业文化，导致不断有人际关系的矛盾产生。

对此，企业家需要做的是对问题进行纠正，以便帮助整个团队带来必要的改变。但我建议的是，企业家应正确理智地看待问题产生的原因，并从原因入手加以解决。这些原因通常包括以下方面。

（1）企业家个人的身体力行。

无论企业文化中产生怎样的负面表现或相关问题，如果追根溯源，大都可以联系到整个企业最高领导者的个人问题上去。

某办公室主任曾经向我抱怨手下的员工总是违反团队制度，例如，不遵守上班时间杜绝聊天的制度，不能准时提交工作任务等。

但随后我同她的下属聊天得知，这位主任自己有时候也会偷偷在办公室打电话给家人，或者拖延本来定好时间的会议。

可想而知，该工作团队中的不少问题，实际上来自它内部不良的企业文化，

而企业家自己不执行甚至带头破坏。

因此，团队中建设文化的首要负责人并不是企业家眼中的员工，而恰恰应该是员工眼中的企业家。

（2）企业整体运行中形成的习惯。

企业家在团队日常运行时，更多关注到的是每个具体项目的完成进度和结果，却忽视了员工在执行各自工作中养成的习惯。结果，当一些坏习惯开始出现后，员工们没有得到企业家的及时提醒，并可能疏忽大意，导致习惯的不断放大和传递，最终形成固定化的企业文化问题。

某家公司执行的是项目逐层上报制度，在逐层上报的过程中，由基层员工写出项目策划书，然后得到组长的意见并进行修改，接着组长将策划书和意见交给主管，主管再进行同样操作交给经理，经理再呈交老总。然而，在具体执行的过程中，员工做出策划后，经常不经修改，就由组长直接上交主管，而主管也只是象征性地根据组长意见简单归纳下，同样转到经理手中。最终，老总拿到的也只是基层员工的看法，他看不到团队中管理人员的想法。

可以想象，如果老总不对这样的工作习惯进行纠正，势必会很快在团队中形成不良的工作风气，对整个企业文化造成冲击和破坏。

（3）员工对企业文化作用的忽视。

企业文化的作用和贡献，首先要得到企业家的肯定，他们有必要向员工传递这样的思想，即身处一个团队中，重要的不仅仅是获取团队的支持和资源，也并非只是通过团队来获得薪资和晋升，而是通过身处团队中的工作来吸收更优秀的组织文化，从而提升自己的适应能力，改变自己对于团队的认识。

当然，企业家想要做到这点，自身就应该充分理解企业文化的重要价值，并具备发现企业文化优秀之处的观察力。这样，他们才能真正改变员工对企业文化的忽视态度，并将他们引导到正确道路上来。

2. 启动团队转变观念

那么，企业家应该如何启动和组织整个团队转变观念呢？

（1）转变身份观念。

不得不承认，传统文化和潜在意识给不同人贴上了各种各样的标签，“老板的红人”“学历高的新人”“未来的团队希望”等，这些不同的标签影响了团队中不同人的身份观念。然而，企业家必须让员工们意识到，无论任何人，只要在团队中工作并接受考核，就必须抛开过多的身份意识，改变对自身和团队的看法，拒绝对制度的违反。这样，不管是团队中的任何人，最终都应该接受企业文化并纳入其影响范围。

联想团队的创始人柳传志在转变身份的方面做出了相当经典的示范，当时，这个团队形成了一项制度，即开会迟到的人必须罚站一分钟。然而，第一个需要遵守这个制度的是公司某部门的处长，而他正是柳传志当年的老领导。面对员工的这种特殊“身份”，柳传志虽然有所犹豫，但还是要求他遵守了团队规定。当天下班后，柳传志自己来到领导家道歉并罚站一分钟。

后来，柳传志自己也曾经因为种种情况两次迟到，但他毫不犹豫，坚持罚站。这样的管理要求，让整个团队的人都重新调整了身份的观念，大家意识到在团队尤其是制度文化面前，每个人的身份都是相同的，并不能因为特殊的标签而违反企业文化的特权。因此，罚站制度形成了企业文化，而在联想企业中得以坚持，给整个团队的建设和运行也带来了相当的裨益。

（2）转变奖惩观念。

传统的奖惩观念过于简单直接——通过物质奖励和晋升奖励，激发员工的工作积极性，增强他们被肯定的感受。而惩罚通过反向的手段，对员工的负面行为进行指正，防止其再次出现。

然而，若应用过于简单的奖惩观念，缺少执行的厚度，缺乏必要的内涵，无法在促进团队的形成过程中发挥更加重要的作用。例如，某团队对优秀员工总是采用年终奖的模式进行奖励，结果，其他员工们对此产生了相当抵触的情绪，并引起团队内的矛盾，破坏团队的氛围。而被奖励的员工被告知要等到年底才能拿到奖励，也并没有真正激发出太多的工作热情。

类似这样不合理的奖惩观念当然需要适当转变，例如，奖励一定要及时快速到位，对员工产生立竿见影的效果，奖励并非一定要“金钱扮演主角”，采取报告会、午餐会、老总接见、家人介绍等方式，也可以让奖励的层次获得更多扩大，并以新鲜的形式产生更好的激励效果。同样，惩罚的观念也应该得到必要的转变，从惩罚个人改变到惩罚团队、惩罚上司，从单纯金钱惩罚，到一些带有教育引导制度的惩罚手段等，降低员工的羞辱感，增加对他们的激励作用，从而实现对企业文化建设的推进。

（3）转变上下级结构观念。

一些传统的团队有固化的上下级结构观念，在不断更新的企业文化特点面前已经极为突出。例如，单纯强调上级对下级的指导，在现有市场环境和经济发展的情况下已经并不能用来建立更为实用的企业文化。在这种情况下，即使旧有的结构观念曾经产生过积极的作用，但想要保证团队执行力的进一步提高，也需要积极调整和转变。

实际上，转变上下级结构观念，并非意味着完全颠覆团队的等级秩序，而是指采用更新的角度来解读两者之间的互动，诠释两者承担的责任，从而在此基础上建构更好的企业文化。

【冬鉴良言】

建设企业文化固然重要，但同许多管理方法一样，明白其重要性，并不代表企业家能真正做到。对企业文化的重视，应该体现在观念的转变上，这种观念转变的过程或许是难堪甚至痛苦的，但只有转变观念，企业文化才能具备更多的包容力、更强的生命力，更好吸引和协调团队成员，并让其产生充分的凝聚力，让团队更好地运作。

80% 的企业文化是由企业家决定的

无论一家企业有没有进行企业文化建设，其实都是有文化的，它的文化会随着企业的经营管理活动变化而变化。那么，在这一过程中，企业文化通过怎样的渠道和怎样的方式发生和变化呢？企业家在企业日常经营中是如何传递着文化的呢？

作为企业管理的核心力量，企业家在文化发展中起到重要作用，大约 80% 的企业文化是由企业家决定的。

我曾经与一位做支行行长的朋友聊天，希望他在我的一个培训讲座上讲讲支行的企业文化。朋友很客气，表示其实他们没有做文化，只是在平时的工作中平等地对待大家罢了。一位做资本运营的朋友也说起一件类似的事情，他所在的企业收购了一家管理相当不错的企业，这家企业的老板只有初中文化，自己也没有什么知识，就是知道对人要公平。

其实，这两个小片段都说明了一个问题：企业家在培育着一种文化，但他不知道这就是企业文化。或者说，企业家们总是在管理之外寻找那种高深莫测的文化，但不知道文化就在自己身边。

因此，在管理中我们需要明确一个观点，就是企业文化并不在管理之外，也不在于你是否建设它；实际上，企业文化的发生与发展，是与企业家的工作相始终的。

创业初期，我个人的风格就是能吃苦、能奋斗，同时对员工进行言传身教，激发员工无限热情：有员工为了项目开通，连续多日和衣而卧，睡在办公室；有员工随身携带笔和纸，写满了领导的讲话、同事的项目经验、客户的反馈等。在公司慢慢做大之后，在创业初期的拼命精神基础上，我开始注重向管理的精细化和经营的市场化方面转变，各部门开始主动进行投资收益分析、主动收集市场竞争资料、全员关注市场销售，在前期的文化基础上，又逐步形成了一种精细、协调、敏锐的文化导向。

1. 企业家在工作中传递的文化情境

从实践角度看，我们可以把企业家在工作中传递文化的情境分为以下几个方面（见图 11–1）。

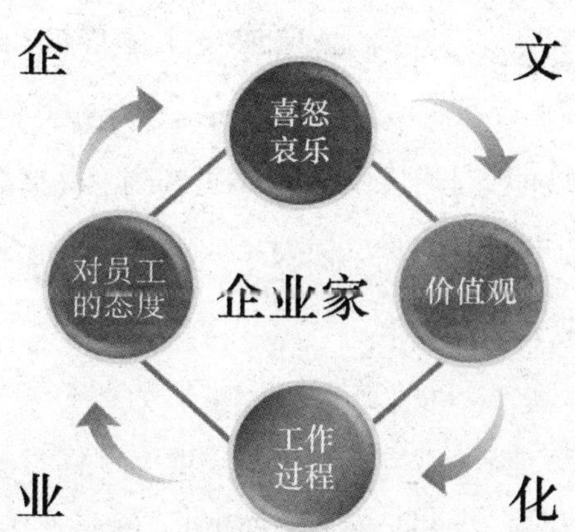

图 11-1　企业家在工作中传递文化的情境

（1）企业家的喜怒哀乐影响着文化。

在管理实践中，企业家的喜好，很大程度上影响着他所在组织的行为与文化倾向。

（2）企业家的价值观影响着文化。

去年，我的一个朋友因为购买电脑和商家发生了小小纠纷。买回新电脑后，他发现一个硬件出现了问题，三番五次地打电话给商家，商家才派了一个技术员上门服务。技术员是一个刚走出校门不久的小伙子，人很实在，发现电脑硬件有问题后，说实际上可以退换的，同时又说：“我们老板很严格，一般是不愿意给退换、只愿意给维修的，可能退换会很费劲。你们给公司打电话时，别说是我说的可以退换。”我朋友很感谢年轻人的坦率和好意，虽然他最后将电脑退了，但这件事情引起了我的思考。

试想，这个商家的老板在教育员工的时候，肯定会给员工大讲特讲如何要对公司忠诚、要实在、要讲道德之类的话。

但是，在对待顾客时，他却让员工采取不正当和不诚实的行为。这样的一种道德教育和实践的反差，会造成员工怎样的行为模式或者文化模式呢？

自然，员工无法从他身上学到诚实和正直的高尚品格。这样的老板和企业，恐怕只能是以领着员工欺瞒顾客始，以员工欺瞒老板和企业终。

（3）企业家的工作过程传递着文化。

一次企业内训中，课间我与几位中层管理干部聊天，一位营销经理问了一个有点儿尖锐的问题：“您讲的文化我都懂，但是作为一个做具体工作的营销经理，我和企业文化有什么关系呢？”听了他的问题，我没有马上回答，而是反问他：“比如，你交代你的部下做一件事情，会怎么和他说？”他说：“这简单，我会告诉他这是一件什么事，这件事想要你来做，为什么要你做，希望你怎样去做，你做的时候注意什么什么问题，做成之后怎么样，等等。”我打断他说：“其实，在你对你的部下交代这一项工作的时候，你就在向他传递着你关于如何做好这件事的思维和行为模式；而你自己认为对的这些思维和行为模式，是你自己在工作中慢慢总结出来的，同时一定是你所在的企业所许可的和认为适宜的。实际上，你向他交代工作的过程，就是你向他传递企业的文化的过程。”

从企业的发展过程看，企业文化的养成往往是上下传递的结果，企业家和老员工将他们在这家企业工作的模式，在工作中传递给了下级和新加入者。

（4）企业家对员工的态度左右着企业文化。

一位企业家在关于劳务派遣员工能否融入企业的发展上认为，劳务派遣员工能不能积极投身到从事的工作，将影响企业正式员工的工作态度，甚至影响到企业的前途命运。为了将他们融入单位，让他们感觉自己不是局外人，他采取了思想疏导和物质奖励的方法，让他们感到家的温暖，找到归属感。虽然这些劳务派遣员工可能根据合同不会在企业长久工作，但是要让他们在企业干一天就要全心全意工作一天，这不仅对企业良性健康发展有利，也是对劳务派遣员工的尊重与肯定。

2. 如何建立企业文化

一个企业要获得持续成功，有两条十分重要：一是企业要有恒产，二是员工要有恒心。

那么，究竟企业家该建立起怎样的企业文化，又该怎样引导员工认同呢?

（1）企业家做出积极示范。

在改变员工之前，企业家应该改变自己。

如果企业家连自己都无法做到照章办事的话，那么，也无法对员工提出这样的要求。例如，某公司的市场部经理觉得自己为公司贡献良多，因此经常同主管业务的副总发生矛盾，甚至拒绝履行自己应该执行的工作。结果，在他的“影响”下，该部门的团队成员也开始变得不善服从起来，经常质疑他的看法和要求，相互之间难以合作。面对这种情况，经过我的指点，这位市场部经理才发现问题在自己身上。

改变自己，让自己更加服从上级，是企业家应当为下属做出的良好示范。当然，这并不意味着企业家必须成为一个“好好先生”，而是需要更多注意到自身对上级说“不”的技巧和影响，防止对企业文化产生任何不好的影响。

（2）建立说“是”的氛围。

在企业中，说“是”需要一定的氛围。这是因为当团队中的任何一个员工首先用“不”来应对他人时，双方就接下来爆发的往往是更多的“不”。因此，企业家可以身体力行，建议员工多提出积极的暗示性问题，或者从而引导同事或客户说出“是”。当他们说出肯定的答案后，无疑会对自身的心态和情绪产生良好的改变作用，内心对团队的归属感、尊重感和肯定也将随之上升。

（3）建立感恩文化。

企业中的感恩文化并不是纯粹的“愚忠”，感恩文化应该是团队对其中成员给出的充分正面的影响。这样的行为是对整个企业的教育，这种感恩文化，体现在企业外，就是整个企业能够用感激的心态看待客户、市场和合作伙伴，处理好企业和外界的关系，而在企业内，就是员工们彼此相互关心感谢，并因此而产生厚重的同事情谊，从而共同支撑起整个企业的完美集体文化与精神。

【借鉴良言】

在美国西点军校，任何学员——无论他是平民子弟，还是世家名门——都只能用四句话中的一句来回答长官的问话。这四句话分别是“报告长官，是”“报告长官，不”“报告长官，不知道”和“报告长官，没有理由”。

举这样的例子，并非要求所有的团队都被打造成为如同机器般的军事战队，但西点军校的优势依然值得企业家充分的借鉴。尤其是这样的军校，在其长达上百年的发展历史中，将服从和感恩融入其文化，其过程中体现出的管理智慧和远见，更值得企业家的吸收和采纳。

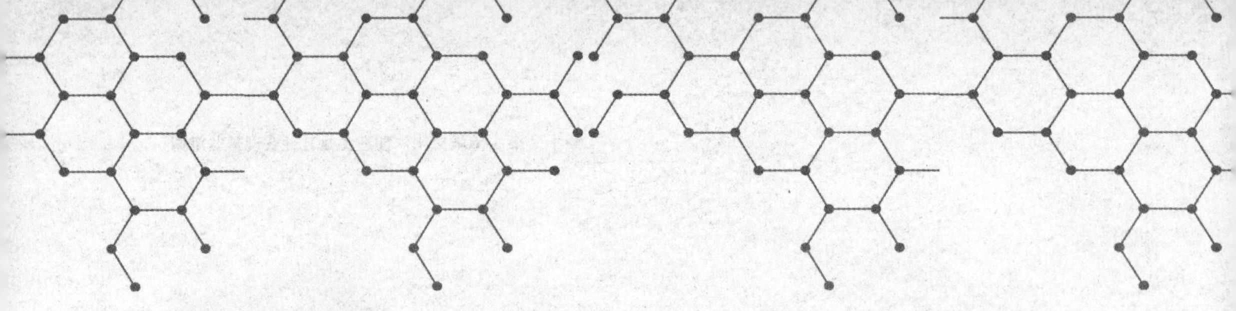

第十二章 不盲目、不任性，企业才能可持续发展

决策不是企业家一个人的事，不能“有钱任性”

尽管决策通常由企业最高领导者——企业家来决定，但决策并非企业家一个人的事，企业家的任何一个决策都牵动着企业的命脉和发展方向。哪怕是一个细微的决策，企业家也不能“有钱任性”。

在科技发展日新月异的今天，也许你会说，大数据能提供精确的帮助，企业家可以基于大数据来决策。

企业家之所以被称为企业家而不是管理者，是因为企业家决策主要靠软知识，管理者决策则主要靠硬知识。真正企业家的决策不是选择 A 计划或 B 计划——不是通过选择的手段满足既定目标，而是寻找手段本身以及可供选择的目标。说到底企业家更多的是在确立目标，其他管理者和员工则是实现企业家确立的目标。

如果只是基于大数据来决策，不加入企业家自己的感知、思考与判断，那么不同的企业家做出的数据选择将完全不同。

一个人的判断力、远见力是科学数据计算不出来的。企业家的决策类似于科学家发现了新大陆，不同于我们平常意义上的“科学决策”。

当然，“科学决策”也是不能摒弃的，只不过企业家必须看到大数据背后常人看不见的东西，这些东西有可能是企业制胜的关键。

在企业家的决策和行为中，确定性是影响企业家行为和决策的重要因素。

当一件不确定的事件发生，人们出于自我本能的保护，会预先往坏的一面设想事情的结果，做好自我保护等防范措施，这反而会造成恐慌，使问题加剧，增加解决成本。

不确定性意味着时间成本和生产力的增加。在企业内，有多少不确定的事情，就意味着有多少浪费，就意味着要增加多少额外成本。

我经常对身边那些盲目扩张的企业老板说：“您是否考虑过，企业目前的产能尚未真正有效地发挥，为什么一定要急于扩张呢？”

很多老板会说：“我们企业订单多，常常供不应求，我总不能眼看煮熟的鸭子飞走吧，到手的客户走掉未免太可惜了吧。若是我的企业生产力扩张一倍，我们能多接多少订单呀？”

对这些企业家而言，“有钱不赚”是件非常痛苦的事。

这些企业家们不知道的是，自己一旦经受不住金钱的诱惑，就意味着未来决策性的失误与失败。一位专门生产电路板的企业老板，在融资 1 亿元盲目扩张之后，产能过剩，订单不足，久而久之，企业难以为继。

美国知名管理大师德鲁克认为：战略家要在索取信息的广度和深度之间做出某种权衡，他就像一只在捉兔子的鹰，鹰必须飞得足够高，才能以广阔的视野发现猎物，同时它又必须飞得足够低，以便看清细节，瞄准目标进行进攻。不断地进行这种权衡正是战略家的任务，一种不可由他人代替的任务。

这段话告诫企业家不能盲目决策，而是要像鹰一样视野要高，如果没有格局，仰仗企业“有钱任性”，盲目决策，只会使企业走向衰败。其实，不管是已经功成名就的企业家，还是创业初期的企业家，都该多照照镜子，多问几个为什么，这样就不会因为自己的盲目自信而做出错误决策。

一个企业的战略决策不应该由企业家一个人来确定，因为企业家的价值偏好和情感因素等诸多方面都有片面性，企业在制定战略时，一定要多分析思考，多照镜子，多做理性推理，多听来自部下的意见，多做调查研究，一定要摒弃过去的惯性思维，真正把握事物的发展规律，这样才能避免战略决策的失误。

我们不妨对决策人的行为要点做简要分析。

1. 决策的着眼点各有不同

确定决策的着眼点在于，把重点放在明确问题和解释问题上。最重要的一步在于，先将可供选择的方案进行充分讨论。直到最后认为方案符合需要，此时，才是决策的开始。

2. 广泛听取决策意见

无论是谈判官还是企业家，都应重视广泛听取员工的各种意见，力争在与企业全体成员反复议论后获得一致的看法。在最终决策前，既不会强迫他人表态，也不会提前给出答案。这样对于最终做出的决策可能会在哪些部门受欢迎，在哪些部门遭遇反对，企业家都了如指掌，他们有足够的时间去说服反对者，又不会破坏最终决策的完整性。

正因如此，许多成功的企业家，几乎不需要花时间去“宣告”决策，由于意见趋于一致，决策一旦确定就会立刻付诸实践。

【冬鉴良言】

当某件事情不确定时，就往往会趋向一种比较坏的结果。尽管不确定事件与坏结果之间并无必然联系。但此时企业家如果人为地干预决策，改变事物的逻辑关系，事件不确定性的成本就会增加，导致的结果就会更坏。反之，确定性就会增加，从而减少成本，增加效益。因此，对企业家而言，更应该清楚，盲目决策将会给企业带来什么。

决策不能纸上谈兵：决策前沟通，决策后执行

企业家决策是在一定约束条件下，为实现企业目标而按照一定程序和方法，从备选方案中择优选择一个最合适方案的过程。

在现实中，企业面临的问题往往不是单一的，在复杂的问题面前，企业决策不只是一道简单的选择题。企业家决策主要是根据企业运行的现实状况，提出问题、确立目标、设计和选择方案的过程。良好决策意味高效管理和科学经营的开始。

李某是一家销售公司的老总，一次，他的企业在开会讨论下一年的任务。

销售团队的员工纷纷跑来找李某抱怨：由于整个产品市场欠缺足够活力，要想再实现去年绩效上升6%的目标，恐怕难度相当大，希望李某可以重新决策。

李某觉得员工的声音未免以偏概全，因此把这件事情忘记得一干二净。

会上，李某首先表扬了去年的销售业绩，承诺会给销售业绩高的部门一定奖励。并问某销售部主管："明年你们销售部准备把业绩上升百分之多少？再提高一点，8%，应该没有问题吧？"

李某心想，老板决策一定要胸有成竹，要是自己都信心不足，估计会影

响员工对自己的看法。

结果当销售主管将下一年的绩效目标定为上升 8% 的决议传达下去后，销售部一片抱怨之声。李某不想成为员工的众矢之的，附和着说："这不是我一个人的决定，我也和各部门主管协商过。不管怎样，还是先像以前一样做吧，完成完不成，到时候顺其自然好了。"

结果，次年年底的时候，上升 8% 的目标根本没有完成。

李某批评了销售部。表面上是批评别人，但李某十分后悔，早知如此，就不该这么草率地做决策。

李某应意识到，决策前应聆听来自基层的反馈。李某完全有机会在决策前私下和各部门主管交流，倾听事实，有效沟通。但是他缺乏这样的认识和行动，造成信息的屏蔽和短路，导致判断错误。

另外，李某在决策出台后，忘记自己作为企业家的身份是激发"领头羊"效应。他本应带头接受既成事实，然后召集员工讨论和分析应对方法，将目标落地成为全体员工遵守的理念，以此驱动决策落地。

企业一项决策的顺利完成，重点在于决策形成前的沟通，和决策形成后的执行。企业家出台决策前，先上下进行有效沟通，可以避免决策的盲目性；决策出台以后，企业家应促使团队着眼于"怎样做"的问题，围绕达成目的而分配相关任务，安排各种具体的操作细节。

李某的失误总结如下。

1. 不相信企业的决策一定程度上需要员工参与

管理原理中的反馈原理认为，任何管理方式都需要得到有效的反馈，决策从根本上来说是管理手段，战略层面的决策出台以前，需要针对战术层面的现状，听取想法和信息，从而避免风险，达成共识。

2. 缺乏推行决策落地的意识

在决策出台以后，李某没有起到指导员工积极应对，有效负责，完成目标的作用，产生了“破窗效应”。即员工发现企业家成了第一扇破碎的窗户，其他窗户也相继被击碎。

企业家在确定战略决策时，需要全面分析市场信息，有效聆听员工和客户的声音，否则将导致对内外环境的错误判断。这需要企业家在决策前进行有效的沟通。同时，决策后在执行和操作层面，又应该由企业家推动决策落地，使员工有效执行。

一方面，企业家在决策前应 100% 沟通。

企业家应当学会在决策出台前，把握合理机会同员工充分沟通。

如果发生像李某那样的情况，企业家可以问：“今年市场活力不够，大家觉得我们的销售目标，是保持不变，还是略微定低一点比较现实？”

总之，要适当选择时间地点，在适当的时候有效沟通、科学决策，推动企业发展。

另一方面，企业家在决策后应 100% 执行。

决策出台后，企业家应当及时走到基层中间，多方询问下属对于决策的看法，尽可能安抚他们的不满和紧张情绪，必要的时候单独和下属面谈，或者在会议时间敞开心扉向下属阐述决策的意义。另外，企业家应当提供有效的落地方法，时刻关注决策执行的过程，密切联系下属，帮助下属通过新的决策解决企业实际困难。

【冬鉴良言】

一项决策可能会影响整个企业的某一段发展轨迹，失败的企业往往是败给了决策。企业家有责任通过沟通和执行不断完善决策，通过科学决策真正推动企业向前发展。

尊重科学发展规律，避免决策失误

没有哪个企业家不是怀着“发财梦”开启创业之路的。

无论最初你是从一个小作坊做起，还是从采购、设计（复制、模仿）、生产的任何一个环节开始，创业后，几乎大大小小的事情都要企业家自己去操办。曾经在我国商品极度匮乏的时期，更多的是“时势造英雄”，没有什么沟通成本，也没有明确分工。企业家赶上了好时机，就算产品质量没有保证，销路也依然畅通无阻，企业可顺利获取很高利润。这批企业家在没有太大业绩压力下，确定决策就相对简单，即便通过作坊式的生产也能积累大量的财富。

我见过不少企业家一心想要赚钱，根本没有太多时间去反思和学习。他们总是腰包鼓鼓，本身的精神素养、专业水平却没有随之提高。

也有一些企业家骄傲自满，贪欲膨胀，眼睛里只有钱。对他们而言，企业只是一个招揽钱财的工具，他们没有长远发展眼光，至于在一定时期企业应该生产什么，质量好坏，将来向哪个方向发展，统统不在考虑范围内。因为他们只想赚钱，最后成了典型的“暴发户”。

有时我会出于关心询问一些企业家老朋友：“最近在做什么？”经常会听到这样的答复：“什么赚钱做什么！”

从企业经营的角度分析可以得出一个共性问题，即企业家战略决策的失误——企业家自身经验的局限性，对行业错误的判断，以及盲目扩张、多元化发展，过度依赖贴牌生产模式等。

当然，除了决策，企业财富的快速积累，离不开我国经济制度带来的政策空间以及对外开放带来的市场空间，但基本上是靠企业家的主观判断来形成企业未来的格局。

只有具备预见力和远见力的企业家，才更容易对事物的形势和发展趋势做出正确判断和预测，并且适时地抓住机遇，做出科学的决策、运筹帷幄、决胜千里。

1. 误解：墨守成规、亦步亦趋

要想成为一个常胜不败的企业家，就一定不能墨守成规、亦步亦趋，而是要懂得灵活机变和审时度势。

相反，如果一个企业家做不到这一点，那么即使他拥有万般才能，也难以避免失败的结局。

2. 正解：通权达变、审时度势

一个对事物缺乏审时度势和高瞻远瞩眼光的人，很容易被眼前的局势所蒙蔽。所以说，要想成为一个优秀的企业家，就需要通权达变、审时度势。

这样企业家更容易对事物的形势和发展趋势做出正确判断和预测，并且适时地抓住机遇，做出科学的决策。在当今这个瞬息万变的社会，企业家尤其需要具备敏锐的洞察力，紧跟时代的步伐，审时度势、预见未来。

【冬鉴良言】

对比一些已经有百年历史之久的企业，我国企业在社会责任、发展理想、利益分享、合作共进等方面还有着差距。如果没有企业家思想上的进步，就很难做好一家受顾客喜爱、受人才欢迎、受社会尊重的企业。

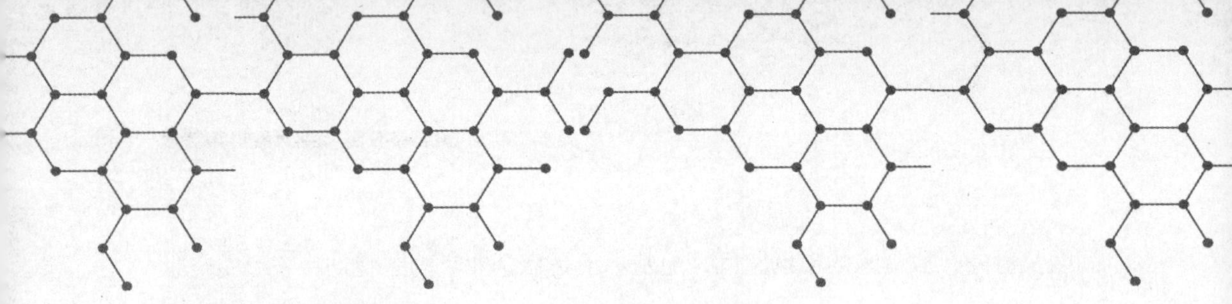

第十三章 我们都是和自己赛跑的人

在国家鼓励创新的今天，为何企业家仍不愿创新

创新精神每个人都曾拥有，只不过在企业家成长的过程中，这种精神在某些阶段表现得更充分，而在一些阶段则会消失。

什么是创新?

创新概念的提出者熊彼特认为：创新是“生产要素的重新组合”，就是要把一种生产要素和生产条件的“新组合”引进到生产体系中去。而经济发展就是不断地实现这种“新组合”，以最大限度地获取超额利润。

简单来说，把一个区别于市场的与众不同的想法，变成一个客户、消费者愿意买单的东西，这就是创新。

美国实业家、迪士尼乐园创始人沃特·迪士尼表示：我们之所以不断前进，开拓新的项目，尝试不同的事情，是因为我们好奇，而正是这种好奇引领我们走向新的方向。

吉利汽车在中国的诞生、发展、壮大，就是创新的结果。

只是，与中国其他汽车公司的发展轨迹不太一样的是，吉利汽车在中国并没有优越的条件；也没有任何现成的造车基础。

吉利汽车有的只是一片自由的天空——可以将全球有可能被组合的资源进行优化、整合。

这种组合在我国汽车工业发展史上属于“新组合”。从人才培养、技术、资金、生产权、土地使用、零部件、营销、售后服务，到教育培训……吉利汽车都以全新的方式进行组合。

在人才培养上的创新：吉利汽车的招聘工作是全球性质的。送出去培养，定向培养，全面展开“人才森林”建设。

在技术上的创新：吉利汽车与韩、日、美、德、意等国比较厉害的专业技术公司合作。

在资金上的创新：吉利汽车全面组合，全球融资，灵活多样。

在生产权上的创新：吉利汽车联合租借特别许可权。

在土地使用上的创新：吉利汽车通过市场手段收购现成可开发用地。

在零部件上的创新，吉利汽车全面利用社会现成资源，联合开发，择优采购。

吉利汽车这种“合纵连横，全面领先”的创新战略。再结合吉利汽车的实际情况和我国企业工作的总体形态，使得企业在中国的发展之路一路畅通。

所谓“低垂的果实”，就是人们总是妄图用最省力的方式谋求生活之道，那么就会首先采摘最低的那颗果实。

在这个世界上有三种企业家：

第一种采摘完最低的果实后，第二年继续采摘新长出的最低垂的那颗果实；

第二种在采摘完最低的果实后，会砍掉树木去吃高处的果实，第二年就没得吃；

第三种在采摘完最低的果实后，不断种树，这样就会有源源不断的果实，可以不停地吃。

这三种模式，最好的就是最后一种，即企业家不断种树，也就不断有果子可以吃。

企业家一旦定型以后，依靠自身转型是很难的，这也是为什么无论政策怎样变化，许多企业家仍不愿创新，结果只能是一代淘汰另一代，而不是原来的一代企业家转变成一代新型的企业家。

【冬鉴良言】

心理学家达维多夫曾表示：没有创新精神的人永远也只能是一个执行者。

不断进取的创新开拓能力，是企业家必须具备的能力之一。如果没有旺盛的进取心，就会被时代抛弃。

因为企业发展的过程具有综合性、复杂性、多变性的特点，所以，企业家的工作是一种创造性的活动。这种创造性的活动需要企业家具有不断进取的创新开拓能力。在现代科学技术日新月异、信息瞬息万变的时代，企业的多变性和动态性更加显著，形势复杂多变，机会转瞬即逝。企业家如果不善于提出新问题，开拓新领域，就无法跟上发展形势的变化。

开启创新这场崎岖的冒险之旅

有人说："企业家也是冒险家。"

企业要转型，就必须要有冒险精神。

在以前，我们经常能听到"下海"这个词，下海不仅面临诸多挑战，还有很大不确定性，有可能一去不回，这本身就是一种冒险。

经营企业也一样，无论企业家做什么事，都会有风险。

然而，风险既有危险的一面，也有机会的一面。有时经历了暴风雨，彩虹就会呈现在你的面前。那些成功的企业家，总是能清醒地规避风险，懂得进退，善于在风险中找到发展的机会，引领企业走向成功。

美国成功学大师金克拉表示：自己见过的成功企业家中，几乎所有的人都有一个共同的特点，就是不怕承担失败的风险。每一种尝试都要承担失败的风险，否则你要怎么办呢? 一事不做，一事无成？如果你真的什么都不做，确实可以避免失败，可是你也跟成功绝缘。生命中，也许承担的事物或多或少都有一些风险，如果你不尝试的话，就做不到也得不到。不要害怕为自己的梦想奋斗，有时候你总得探头到枝头上，因为那才是结果的地方。

但在现实生活之中，很多企业家为了求得所谓的稳定，总在按程式办事，尽量逃避风险，不敢创新。

试图将风险降至为零的政策势必与现实相抵触，它的结果是必然使创造力枯竭，杜绝创新并使企业停滞不前。

企业创新的关键，就是不能遇到压力就低头，否则，肯定一事无成。那样虽然可以大大减轻发展重担，但毫无建树。

世界旅馆业大王希尔顿是敢于冒险型企业家的杰出代表。

希尔顿曾表示：空想和梦想是截然不同的。空想是白日做梦，永远难以实现。梦想是指人人可及，以热诚、精力、期望作为后盾，一种具有想象力的思考。

完成大事业的先导是梦想，并配合以工作。这两者好像手和足一样。或许偶尔有些运气的成分存在，不过，如果没有一份完美的宏伟蓝图，不敢将梦想付诸实践，一切都是白费。

许多人工作十几年甚至几十年，却忙忙碌碌终无所成。因为他们没有梦想，只是机械、被动地去做，像上了发条的机器，他们尽管兢兢业业地工作，一丝不苟，但最终还是为他人作嫁衣裳。

有作为的企业家不仅敢于闯荡天下，孜孜逐梦，而且在经营过程中勇于做“疯子”，做出超乎常人的“疯狂”决策，“疯狂”地坚持自己的目标，坚定地按自己的梦想去做，并不断从一次又一次的失败当中吸取教训，进一步完善和发展自己的管理和经营方法，改进技术，百折不挠，最终得到成功的回报。

史密斯认为，领导者走在队伍前面，并且一直走在前面。他们用自己提出的标准来衡量自己，并要求别人用这些标准要求自己。最好的领导者就是能不断成长、发展、学习的人。

那么，在创新这趟冒险之旅中，企业家该如何成长、发展、学习呢？如图 13-1 所示。

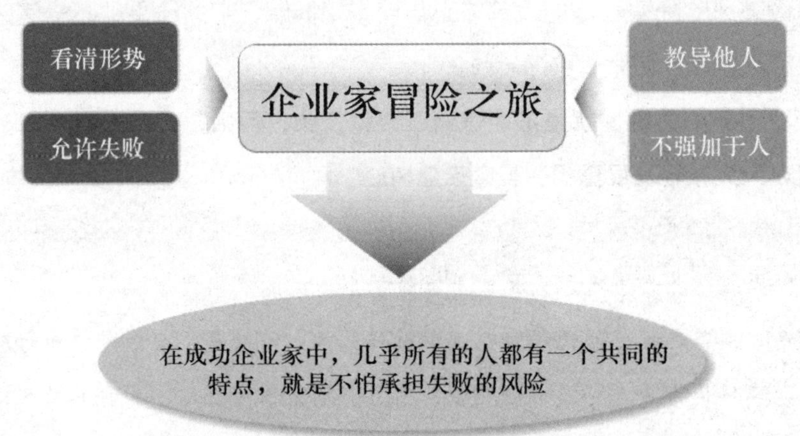

图 13-1　企业家在创新过程中如何成长、发展、学习

1. 看清形势

无论是战胜逆境还是创造独特的事物，激动人心的挑战与冒险总是有益于企业家做好工作的。冒险的形势有助于产生成就感和实现自我价值。枯燥无味、令人生厌的任务不会促进管理。使企业家及下属激动的是具有挑战性和冒险性任务自身的价值。解决一个独特的问题，发现一件新的事物，这样的机会会使人精神抖擞。

2. 允许失败

冒险总免不了失败，为此，企业家应营造对错误和失败宽容的气氛，减轻下属对失败及惩罚的恐惧。

你不要过多看重如何防止失败发生一类的问题，这会导致下属对创新方案中的缺点和弱点特别敏感，从小心行事到避免惩罚，结果是只求安全而缺乏创造性。要扭转这种局面，除了尽可能关注方案中积极的方面之外，还要允许下属对其设想进行试验，提倡有计划地冒险，并给予合理的差错界限，要把差错看作一次学习的机会。

3. 教导他人

要怎么教导别人，让他们更具创新能力呢？一个很好的方法是，要求他们以整体的观念来处理问题。

为了追求组织的成长，作为企业家必须营造出大家勇于实践的环境，相信员工可以从错误中学习，希望员工为了达到完美的结果尽可能多地去尝试不同的事物。鼓励员工多加实验，是企业家的目标。

对组织的发展而言，必须运用比以往更聪明的方式进行实验。当你摘下妨碍视野的传统“有色眼镜”后，就会对自己激励员工全力以赴所取得的成就深感惊讶。而营造出能敦促员工以换位的角度来思考的环境，就能不断激发新的创意。赋予员工更大的自由，鼓励他们冒险。鼓励创新的实验和创新精神，就必须让他们知道，失败了也没关系。尽量减轻下属的后顾之忧和畏难情绪，从而提高下属的自主意识和独创精神。即使需要批评，也应是具有建设性的，并要讲究因势利导的方法。你应该成为组织创新的催化剂，而不是拦路虎，成为下属可以信赖的人，而不是一个控制者或监督者。在这样的关系中，你和下属之间，以及下属和下属之间的创造性和协作精神，会得到更大程度的发挥。

许多企业家表示自己乐于见到创新，也期待见到创新，但同时告诉员工：“只要别失败就行了。”然而，所谓失败，有各种定义。如果某个小组实验了一些新的做法之后，说：“这就是所有事实，而无法成功的原因如下……”这不是失败，这是一种经验的总结，而且经常是通往成功之路的里程碑。

下属受到这样的思考程序刺激时，便会有更大的成长与学习动力。如果我们不了解这些现象背后的真理，便无法做出正确的决定。反之，如果我们回过头去了解这些事情发生的根本原因，便可以做出正确判断。这是得到真正创新能力的方法。

4. **不强加于人**

千万不要要求组织中的所有下属成员，都按着你的思维方式思考问题。千人一脑，不利于组织的发展壮大。人的思维方式决定着组织事业发展的高度。

具有现代思维和进取意识的企业家，都应该知难而进、锐意进攻、胆识超人，敢于将梦想付诸实践。只有这样的企业家，才能最终取得事业上的真正成功。

【冬鉴良言】

成功的企业家，无不具有冒险精神，有些事情在普通人看来是一个不可企及的梦，是一般人在做白日梦时都不会梦到的海市蜃楼。

很难说这些梦想是否建立在理性分析之上，但是命运往往垂青那些敢于“做梦”的企业家。因为如果连梦都不敢做，更谈不上激发创造的火花，冒险尝试，获得惊人的成功。

PART3

【爱企如斯】像经营自己一样经营企业，引领企业持续成长、成功

在这个世界上，大部分人都是普通的，哪怕你已经是个拥有大企业的企业家。最令工匠引以为傲的并不是总能做出一些震撼世人的精品，而是能够摒弃浮躁，用精湛的技艺，把看似再普通不过的小事做到极致，在不断追求、精进的过程中淬炼匠心。不忘初心，方得始终。

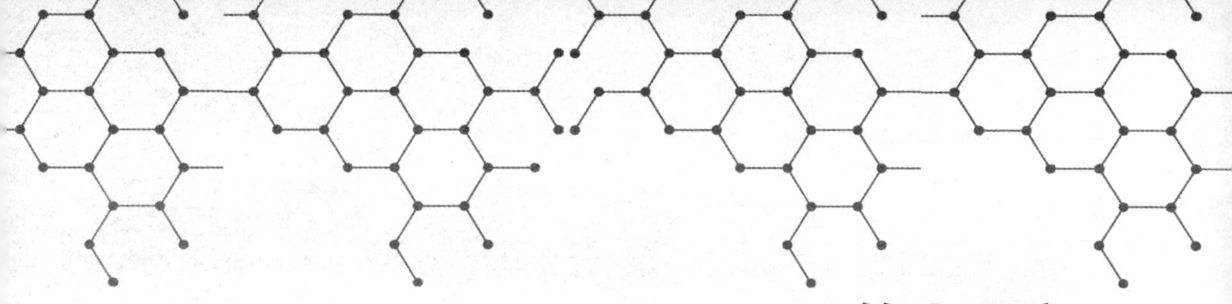

第十四章
企业家形象决定企业形象，你是企业的最佳代言人

用健康形象去推广企业：让企业和你的身心一样健康、富足

为什么老板越来越累？

有两个原因：

没有人愿意替老板分担（分担之后，对员工没有好处）；

没有人有能力分担责任（老板太能干，把所有工作做完）。

这种累导致企业家的压力与日俱增，身体频频“报警”，甚至影响了正常的生活和工作。

企业家没有意识到，年轻的生命之所以被无情的病魔吞噬，是不够爱自己，没有管理好自己导致的。对企业来说，如果企业家的健康出现问题，对企业付出的劳动投入就会降低，从而降低企业产出，同时导致企业高层频繁更换，撼动企业根基。

除此之外，企业家健康问题还会直接影响大众对企业的信心，如果是上市公司，可能会引发股价下跌。

现代企业家缺的不是钱，而是时间和对自我身体健康的管理。

经营企业千头万绪，企业家的健康隐患是一项重大的风险。企业家自身要树立健康意识。先“经营”好自己的健康，才能经营好企业，以免“赢了财富、输了健康”。

企业家应从以下几方面入手。

1. 提升健康管理意识

企业家肩负企业发展重担无可厚非，但是个人的健康，不仅关乎企业家自身和家庭的幸福，也关乎每一位企业员工的幸福。如果企业家都能有锻炼身体、保持健康、不断学习的意识，是很难有对手与他竞争的。好在今天意识到健康管理的企业家渐渐多了一些。例如，潘石屹经常在微博上发布自己跑步的消息，他经常在微博中呐喊“跑完后好有幸福感”。

2. 找一个健康管家

企业家亟待将自我健康管理提上日程。若是平时工作太忙，无暇顾及，可以找一个健康管家对自己的健康进行全面管理。这个管家可以是你的爱人、亲人、朋友，或是专业的健康管理公司人员。

3. 改变不良生活习惯

健康管理就像养生，不是一朝一夕就能养成的。企业家要先改变不良的生活习惯，努力做到戒烟限酒、心理平衡、合理膳食、适量运动等。还要定期体检，检测体重、血压、血糖、腰围等各项身体指标。

【冬鉴良言】

在日本，有一个医学专用名词——过劳死。顾名思义，过劳死是因过度劳累而死亡。

这个现象在我们中国企业界普遍存在。

此外，企业家过度劳累、吸烟、酗酒等不良生活方式，更容易导致体重超标、高血压、糖尿病等。

对于健康管理，企业家更应未雨绸缪。在提高自己的健康素养的同时，将健康知识转化为行动和实践。而那些平时不注意，身体发出“警报”才临时抱佛脚的行为是不可取的。

用家庭形象去影响企业：家不平，何以平天下

企业家这个群体之所以特殊，是因为企业家不仅要追求事业、实现理想，同时也是他人学习的榜样。因此，大家对企业家的要求往往要高于常人。在平衡各种关系中，最重要的是家庭关系。

我所认识的企业家中，很少有人能在经营企业、家庭、事业、健康、财富、心灵等各方面都得心应手。大多数企业家往往更关注自己在事业上已经得到的认可、名誉、地位，而忽视成功背后的婚姻家庭。

家和万事兴。倘若你能像下面这些商界“夫妻档”那样，和谐处理家庭和事业的关系，确立一致的价值观和人生目标，那是令人欣慰的。

潘石屹[①]、张欣[②]堪称商界的“模范夫妻”，实现了家庭和事业双赢。

潘石屹、张欣都是勤奋之人，追求卓越让他们最终走到了一起。

如今的潘石屹成了知名地产商的董事局主席，而张欣成了CEO。

① 潘石屹：著名地产商，SOHO中国的董事长。

② 张欣：在1994年和潘石屹结婚，1995年回到北京和丈夫携手在建筑界打天下，共创了他们自己的房地产公司——SOHO中国。

在张欣看来，两人“有同样的价值观，有同样的人生目标，这是一个最关键的环节……人生就是会有顺利、有挑战，如果一挑战就撤，那也就成长不了。在（面对）每一个挑战的时候，解决了那么我们就是成长了，结婚也无外乎是这样。”

马云[①]表示他因为“太忙了”，所以“从来不过情人节的”。

在外人看来，马云和张瑛[②]的幸福似乎与情人节无关，但作为成功的企业家，马云对身边这个“默默无闻的女人”充满了感激。

马云强调：“她不是那种真正的默默无闻型的女人，她自已的事业也发展得很好，她是事业和生活双全的女人。”

言语中马云总是流露出掩饰不住的得意。但马云也承认，在两人事业发生冲突时，还是妻子的牺牲大一些。用马云自己的话说，“她对我的帮助是全方位的，无论事业上还是生活上，都是全力的理解和支持。”

李彦宏[③]和这位背后的女人马东敏[④]的结合属于“一见钟情”，仅仅相识半年，两人就结为夫妻。但这并未影响李彦宏今后的事业。

一次在曼哈顿举行的大型庆祝晚会上，当无数闪光灯和话筒聚焦李彦宏时，他温情款款地把妻子马东敏揽到前排，并深情地说：“百度精神里有一

---

① 马云：阿里巴巴集团主要创始人，现担任阿里巴巴集团董事局主席、日本软银董事、大自然保护协会中国理事会主席兼全球董事会成员、华谊兄弟董事。

② 张瑛：在杭州师范学院（现杭州师范大学）读书时结识师兄马云。1988 年在杭州师范学院英语专业毕业，随即与马云结婚，并与马云等 18 人团队创建阿里巴巴。

③ 李彦宏：百度公司创始人、董事长兼首席执行官，全面负责百度公司的战略规划和运营管理。

④ 马东敏：生物学科博士，百度 CEO 李彦宏夫人，百度创始人之一。和李彦宏在美国留学（美国新泽西州大学生物系）时认识。2014 胡润女富豪榜，马东敏以 225 亿元财富值排名第五，成为榜单“黑马”。

种叫作勇气，而我的妻子马东敏博士，是这勇气的来源。她总能在关键时刻，冷静地提出最勇敢的建议。而事实证明，她的那些充满东方智慧的建议，将我引上了正确的道路。其实，我本质上并不是一个喜欢冒险开拓的人，而我的妻子是。在百度的冒险创业历程中，每一步都是她推着我向前走的。”

作为企业家，李宁[①]身价已达到十几亿元。而对于婚姻，李宁一直比较低调。

熟悉的人知道，李宁的婚姻是“体操王子”与“体操公主”陈永妍[②]的姻缘。

陈永妍不仅是李宁的同乡，更是同为广西体操队队员，后来两人先后进入了国家队。

当时的陈永妍担任中国女子体操队队长，更被誉为“亚洲体操皇后”。在嫁给李宁后，逐渐退出了体坛，成为默默支持李宁事业的背后的女人。

遗憾的是，现实中的许多企业家，在投身企业经营的同时，并没有经营好自己的幸福家庭。

在某次企业家的分享会上，我发现这样一个现象：大多数企业家都在分享自己如何成为一名优秀的企业家。当时我在台下想，企业家在经营好企业，服务好社会、员工、合作伙伴的同时，是不是也要想一想自己的家庭经营得是否成功呢？

现代绝大多数企业家缺乏的不是智商、情商，而是家商。

家，是男人的世界、女人的天堂、孩子的乐园；商，是企业家经营婚姻家庭的能力与智慧。

① 李宁：奥运冠军，原中国著名体操队运动员，1990 年创立体育用品公司。经过 20 多年的探索，李宁公司已逐步成为代表中国的、国际领先的运动品牌公司。

② 陈永妍：我国女子体操运动员，1982 年被评为国际运动健将，曾 5 次代表中国队参加重大国际比赛，是体操运动员李宁的妻子。

企业家送给家庭最好的礼物往往不是事业上的成功、社会上的名誉、花不完的金钱，而是源自内心的幸福感。有多少企业家因为一心扑在事业上最终家庭濒临破碎，又有多少企业家由于家庭的变故事业失败?

优秀的企业家应该像经营企业一样经营好幸福的家庭，否则，在某一方面取得成就，必定会忽略另一方面的经营。毕竟，你或许可以经营好一个企业，却不一定可以经营好一个家庭。

对于企业家而言，婚姻、家庭与事业、财富等其他方面并非截然分开。当婚姻、家庭亮起红灯时，企业家无论在事业发展抑或财富安全等方面将被质疑。一方面，企业在财务运转上可能由于企业家的财产分割而承受巨大压力；另一方面，遭受家庭不幸的企业家不得不付出更多的时间、精力、财力在解决家庭的变故和震荡上，可能一时无暇顾及企业的发展。

各种金钱争夺、舆论、情感纠葛等压力会将企业家拖进巨大的漩涡中，影响其事业发展和身心健康。

由此可见，经营好幸福婚姻家庭是企业家的“必修课”，这对于企业家来说或许比经营好一家企业更加困难。

如今，越来越多的企业家将有事业、有房子、有车子作为毕生的目标。结果物质生活丰富了，与家庭的距离却远了。

我所认识的夫妻中有太多“能共患难，不能同享福”，随着事业的成功，企业发展蒸蒸日上，家庭却呈现分裂状态。其中不乏一些企业家，妄图通过金钱弥补对家庭的愧疚，给妻子、孩子安慰，亲情却逐渐淡薄。

企业与家庭从来都不是对立的，而是相辅相成的关系——和睦的家庭是企业家事业成功的基础条件，而企业家事业的成功也能在某种程度上促进家庭的和谐。

企业家若不能平衡好事业与家庭的关系，就算企业经营得再好，事业再怎么风生水起，回到家里面对的依旧是冷清与寂寞。

1. 和睦的家庭是事业成功的基础条件

家之重要，并不在它是豪宅还是茅屋，而在身在其中的人。

家人，一定是我们最爱的人，他们的喜怒哀乐能强烈地影响我们的情绪。

看到白发苍苍的父母和谐恩爱，做儿女的会感受到彼此内心的那份天伦之乐；听着外公外婆、爷爷奶奶讲述过去的故事，做儿孙的会对那些岁月充满好奇；听到子女无忧无虑地打成一片，一家人其乐融融，做父母的也会感到欣慰……

家庭和谐，才能令企业家每天保持心情舒畅，企业家才有更多精力去追求更高的理想，为事业拼搏。试想，一个企业家若每天深陷家长里短的琐事中，奔波于各种家庭问题之间，到了企业中估计只会眉头深锁。

2. 事业的成功同样能促进家庭的和谐

今天的社会，人们习惯于将幸福寄托于物质财富，以经济论人生。但还有一种人则是将一切物质都摒除在外，追求内心的幸福感，尽管这种感觉看似虚幻。

我们大可以批判经济社会造成的负面影响，但也不能否认，事业的成功和经济不是最重要的，却是家庭幸福的可靠保障，避免了不必要的生活琐事，这在一定程度上减少了家庭纠纷与矛盾，从而进一步促进了家庭的和睦。因此，企业家必须平衡好家庭与事业这杆秤，认真修炼幸福婚姻家庭这门“必修课”。

企业家既要在外为事业积极打拼，又要在内为家庭分担责任。在这种双重压力之下，劳累、焦虑、压力、竞争常常令企业家身心疲惫，而来自幸福家庭的支持往往是企业家分解压力的源泉。

家庭美满、事业兴旺，是每个企业家的目标。可是有很多企业家，不知道如何经营家庭，导致家庭关系恶劣、矛盾重重。那种父慈子孝、夫妻和睦的完美生活仿佛只能在梦中出现，那么，企业家怎样才能打造幸福美满的家庭呢？经营家庭也是讲究一定方法的。

一方面，企业家要放下企业家的架子。

在具体经营家庭和维护婚姻的过程中，方法因人而异，不尽相同。但最忌讳的一点就是，企业家摆出一副高高在上的样子，出言不逊，三句话不对头就大吵，而家人感到委屈，一言不合就“一哭二闹三上吊”。家庭矛盾往往就是这样产生的。

另一方面，企业家在忙碌之余，要适度缓解工作与生活双重压力。

忙碌之余，别忘了把时间分给家人一些，和家人一起外出游玩，缓解工作与生活双重压力。劳逸结合、享受家庭的欢乐更有益企业家的身心健康。

【冬鉴良言】

在我的读书笔记中，曾记录下这样一段话：“请你不要在春天里挥霍夏天的时光，这里用不着赶超时空。春有春的芳华，夏有夏的绿荫。如果你在春天里就把夏天的时光挥霍尽，那你将得不到春天温柔，也得不到夏天的热情。”

珍惜来之不易的家庭生活，珍惜眼前的点滴幸福。让幸福的雨露尽情浇灌我们奋斗的时光和年华，好让我们有足够的正能量迎接更多事业上的挑战，展现一个企业家应有的风采。

用社会形象去引领企业：敢于担当才能行稳致远

企业家的事业有多大，责任就有多大。

企业家的责任心，不仅体现在对自我健康和家庭的管理上，同时也体现在对社会负责上。

越是有事业心的企业家，需要承担的责任就越大，而拥有越大事业的企业家，面对的利益也就越大，因此承担的责任必然更大。

缺乏社会责任心的企业家，其承诺也会显得廉价，行为也缺少必要的约束。久而久之，势必会影响企业家在事业上的发展。相反，能够主动承担更多责任的企业家，经历得更多，学习到的也更多，履行的责任更多，肩负的责任也更多，相应获得事业、企业发展的机会也会更多。

难道褚橙的成功只源于哀牢山得天独厚的气候吗？

殊不知，褚时健在接手以前，其他企业也种植了冰糖橙，结果却无奈将企业转让。

难道褚橙的成功只是靠褚时健的个人名望？

殊不知，推广初期很多合作商都不给面子，有一年，曾有400吨褚橙烂在仓库里了。

难道褚橙的主要销售渠道只是电商？

殊不知，褚橙不只在网上卖了1500吨，同一年，还在传统线下水果销售渠道卖掉了8500吨。

……

曾有一位做矿产生意的杨先生，见褚橙做得火爆，于是跟风投资了几千万元，在哀牢山上租下几千亩土地种植冰糖橙。

褚时健和杨先生还有好几家农户都在同一家养鸡场买鸡粪。

大多数人都是拎着袋子，直接过秤，交钱。

褚时健则是先把鸡粪倒出来，再放在手掌上捏一捏，观察水分多少，确认有没有掺过多的锯末。

杨先生表示，自己根本做不到。

你们能想象吗？

一个80多岁的人，把一袋子臭鸡粪倒在地上，用手抓起来捡……

这种较真的劲儿就是企业的沉淀。

企业家要扎扎实实把质量产量搞上去，企业永远是一棵树，根基一定要扎实，工匠精神是经营企业永恒的主题。企业需要赢利，但利益不是企业发展的唯一追求。

企业家做任何事也是一样，都要以共赢为目的，当我们帮助别人时，所谓的赚钱只是顺带的事。

巴菲特有多少身家自不必介绍，但令很多人意想不到的是，巴菲特的事业几乎是从零做起的。从5岁开始，他就在家门口摆小摊，卖口香糖，长大后，他带着同学去高尔夫球场捡废弃的高尔夫球，然后再卖给需要的人，生意做得非常红火。上中学时，巴菲特不仅业余当报童，还跟同学们合伙把弹子球游戏机出租给杂货店老板，继续赚钱。

1951年，21岁的巴菲特以优异的成绩获取哥伦比亚大学经济学硕士学位。随后，他在股市投资中一发不可收拾，1957年年初，他掌握的资金只有30万美元，但年末就上升到了50万美元。1962年，巴菲特的个人资产上升到100万美元。随着之后的股市繁荣，巴菲特赚取了一笔接一笔的财富，并凭借自己的观察力和判断力，安然度过了20世纪70年代的股灾，并在股灾后得到更迅猛的发展。

2011年，巴菲特个人净资产是500亿美元，事业始终如日中天，而同事业相对应的是，巴菲特个人也体现出了非凡的责任心。他曾经多次强调“尽管组织形式是公司制，但我们将股东视为合伙人”，言下之意是，他的公司并非向他自己负责，而是向所有的股东负责，股东才是公司资产的所有者，比起很多无视股东利益的企业家，巴菲特拥有的是更大的企业经营责任心。

相比起对股东的责任心，巴菲特对于自己的社会责任意识同样清晰。虽然自己生活简朴得同亿万富翁完全不匹配，每年巴菲特在慈善事业上的付出却相当令人瞩目。从2000年开始，他每年拍卖一次自己的午餐机会，所得善款全部捐给美国的慈善机构。2006年，巴菲特正式签署捐款意向书，向5个慈善基金会捐出个人财富的85%，总共约合375亿美元，这是历史上最大的慈善捐款。

巴菲特不仅履行自己的社会责任，同时也积极倡导企业家用慈善的方式来履行责任，在将近10年的工作后，巴菲特和比尔·盖茨宣布，他们已经成功劝说约40名美国亿万富豪，公开承诺捐赠自己一半以上的财富，因为这些钱来自社会，也有必要返回社会，为社会的发展和福祉做出贡献。

正因如此，巴菲特始终占据着美国社会财富和形象的制高点，拥有庞大事业的他，也同样拥有伟大的责任心。

巴菲特的事业之大，用位居全球之首形容也不为过。

然而，他并不是将个人的财富用来挥霍和享受，而是一方面自己过着简朴生活，另一方面却把上亿美元的财富捐献给慈善事业，履行他的社会责任。这个事例告诉我们，一个企业家对事业的追求是无止境的，同时，他也应该追求无止境的责任，眼中只有个人成功和享受的人，难以获得真正的大事业，只有随着个人的成长，把更多的利益装在自己的心中，承担更多社会责任，才能获得较高的幸福指数，同时得到他人的认可。

作为企业家，有责任心的重要表现如下。

1.赢得起，输得起

也就是说，取得了成绩不自满、不张扬；出了问题，不逃避、不推卸；有了失误，敢于承认、勇于承担。以身作则，承担责任，这是身为一个合格企业家的最基本要求。企业家自身素质过硬，这本身就是最有力的王牌，在员工面前不怒而自威，员工自然就会效法。这样一来，带领好企业、做好事业，也就成了水到渠成的事。

2. 大事难事敢担当，逆境顺境看襟度

处在企业家的位置，就意味着多了一种责任，就意味着要培养自己敢于担当、临危不惧的品质。一个有责任心的企业家懂得适时迎难而上，遇见突发事件、难以破解的难题时挑起责任的担子，展示自己的胆略和魄力。这种对员工、对工作、对企业负责的态度也是赢得尊重、让员工追随的一个因素。

3. 从“以利润为中心”到“以价值为追求”

判断企业家成功与否，不能将他企业的利润作为唯一标准。企业家还必须承担起社会所赋予的责任。企业发展能从“以利润为中心”到“以价值为追求”，是一个质的飞跃，它标志着企业在更高层次上的一种新的价值取向。“以价值为追求”不仅体现在实现利润上，更体现在企业的品牌效应和社会价值上。例如，企业做到环保，坚持可持续发展；文明经商，以诚信立足社会；以人为本，劳动关系协调和谐；回报社会，强调社会责任感等。只有这样的企业家才能率领企业真正壮大、变强，在激烈的竞争中立于不败之地。

【冬鉴良言】

世上所有的优秀企业家可能都具备一个共同的但通常又不太被提及、被关注和被重视的基本起点：企业家的责任心。这是所有优秀企业经营行为和结果的出发点，是最重要的源头，是成功的基础。企业家的责任心可以被称为企业文化发展的动力。

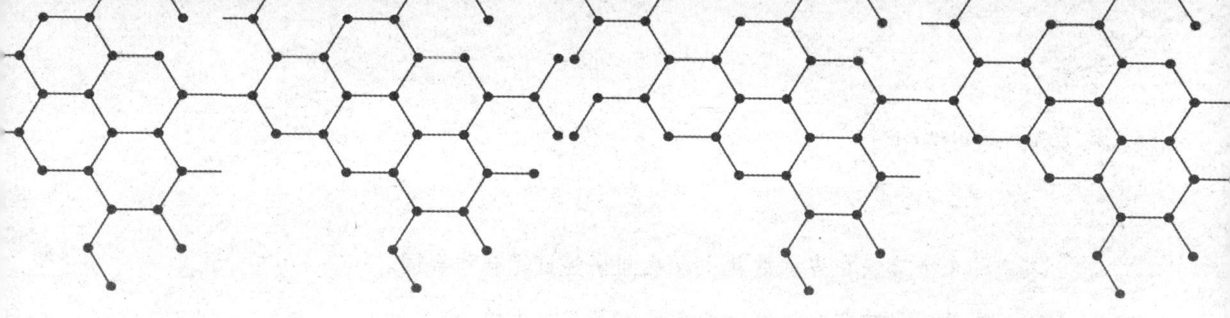

第十五章 企业家格局决定企业结局，你看得远企业才能走得更远

用大格局思维去经营：“海到无边天作岸，山登绝顶我为峰”

马云认为：脑子里整天想钱的人成不了企业家。道理简单，也很深刻。

企业家的格局有多大，事业就有多大。

企业家能看多远，企业就能走多远，这就是格局。

“海到无边天作岸，山登绝顶我为峰”，我的管理咨询有限公司海峰正是取自这句诗。其实，这句诗不只代表了我经营企业的决心和态度，对工匠精神的追求，更是我时刻警醒自己的座右铭。经营企业如学海泛舟，要不断学习、思考与创造，不断扩大自己的视野和格局，逐渐培养起自己的大格局思维。

有一次，我回东北老家一个县城出差，我的一位事业部伙伴给我发来消息。在还没有正式展开合作前，就有不少门店向同事咨询培训的相关事宜。

其中一个金店仅在咨询后就主动找同事签订了合作合同。

当然，我并非在炫耀我的企业签了多少大单。

我想说，这就是海峰人做事的精神，扩展企业视角，把一个县城都带动起来了。

在未来，我们企业还会帮助更多城市的企业实现更大的目标和理想。

有大格局思维的企业家，其眼光是前瞻性的，不仅仅体现在对市场或者客户的反应上。

今天，互联网时代的到来和全球化技术革命的发展，对企业家的思维提出了新的要求。企业家在经营好企业的同时，更需要基于前瞻性的战略眼光，关注未来的发展。

“格局”这个词已被用得如此频繁，以至于提到“格局”，我们可能会立刻想到它在政治上的部署——“有眼光的事情/规划”，或者是用于形容官场——“我们的梦想和使命”。

其实，真正有格局的企业家，能带领企业到达一个更高境界；能唤醒和指出员工内心的力量。他们乐于指导他人，鼓舞员工实现更大的可能。真正有格局的企业家敢于承认自己对未来的迷茫，但是他们的灵感为他们的发展指出新方向。

对于企业家来说，格局是一种能力和品质。有格局的企业家有热情、有智慧、有信念、有才干、有广阔的视角和对未来的预见。他们面对机会时会贡献出他们最大的能量，而其他人也从他们的决定中受益。

我曾服务过的一家企业经营着顶级休闲品牌。

在一次竞争某大牌的制服业务中，该企业获得了这笔生意。

关键在哪里？

当该企业老板徐总去见客户的时候，徐总说："我们没有带来任何样品，任何厂商都可以给你们做制服。但是我们想表达的是，员工与公司之间是一种合作伙伴的关系，我们要培养和建立这种有着相同价值和价值观的合作伙伴关系。"

徐总非常重视企业的社会责任，他表示公司有两条底线——利润和价值。

就是徐总的这个观点获得了品牌商的认同，并让其当场敲定了这笔生意。

很多企业家不愿意发表自己的远见，因为担心受批评。但是要知道，首先，很多格局都会受到"短视"的挑战；其次，如果企业家的决定总是围绕着核心价值观，那么对待批评的态度，完全可以是有则改之，无则加勉。

那么，企业家在经营企业的过程中，该如何培养这种大格局思维呢？培养大格局思维的 5 个关键如图 15-1 所示。

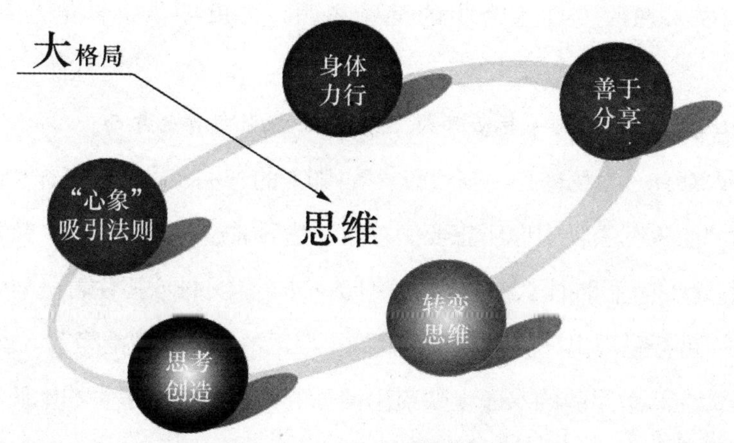

图 15-1　培养大格局思维的 5 个关键

1. 身体力行，将观点转化为现实

企业家要尝试将趋于成熟的思维转化为未来的蓝图，并为如何达到目标指明方向。为企业的未来发展提供清晰的观点，指导员工得到更好的发展。这不仅是在帮助员工和企业，企业家也会由此发现自身更大的潜力。

2. 善于分享，倾听和学习他人的观点

有大格局思维的企业家善于分享，知道如何倾听和学习别人的观点。他们对别人表现出更多的尊敬，他们重视发展企业文化和团队学习，建立分享和协作的体系，并积极发展员工参与的战略。

3. 转变思维，从不会思考到勇于创新

有大格局思维的企业家在改变旧思维模式上的能力显著。他们能跳出思维定式确定战略；他们能够平衡感性和理性；他们的思维广阔而系统，他们能够统揽全局。

4. 思考创造，借助思想转换频道

人体是一座发射台，人的意志力就是人体的频道和频率。只要企业家不断地思考和创造，他就会将信号发射到真实的世界里，并呈现出想要的情景。如果想改变你生命中的某些东西，你就要借助你的思想来转换频道。

5. “心象”吸引法则：把心修得“清净”，吸引想要的东西

每个人都有一个秘密，它叫“心象”，即人的念头、思想、意志和梦想。人类会通过“心象”去吸引你所想要的东西，然后通过组合和创造，最后形成产品和生意。就像我们怕什么往往就会来什么一样，因为你心里住着一个“怕”字，所以“怕”就会呈现出来。因此，我们要把自己的心修得“清净”，这样才能像树木一样，在清澈平静的水面上映射出清晰的树影，认清事物的本质，存放正面和想要的东西，去除负面和不想要的东西。

【冬鉴良言】

格局决定结局，思维决定命运。

商业模式主要解决如何凝聚客户的问题；营销模式主要解决如何让人信

任的问题；团队模式主要解决如何统一立场的问题。模式的背后是系统，系统的背后是机制，机制的背后是价值观，价值观的背后是文化，文化的背后是思维，改变思维即可改变一切。

诚信经营：用诚信之基筑起企业的口碑

在西方国家，信用是企业的无形资产。近几年，随着我国市场经济的持续深化与改革，企业的诚信也在逐渐被强化。

但至今仍有许多企业无视诚信问题，并因此给企业带来信用危机。例如，企业主之间相互拖欠款项，企业拖延、不按时归还银行贷款，拖欠员工工资等。这些企业违背诚信原则，最主要的原因是追求利益。例如，为了获得高额贷款，不惜做假账。有些企业即便没有动机故意失信，也会因为其他失信行为使自己陷入窘境。

信用资产应该被企业视为重要资本。失信或许会使企业一时间赚得盆满钵满，但失信于人的背后是巨大的风险。

2015 年的十一长假，青岛的“善德活海鲜烧烤家常菜”一时间上了新闻热搜。游客肖先生在用餐前刻意详询了老板，大虾是 38 元一份，没想到结账时变成了 38 元一只，一盘虾花费 1500 多元。肖先生报警后，店铺老板用乱棍恐吓坚持让肖先生付款，甚至还向警方称“有人吃了霸王餐，不给钱想跑”。最后，肖先生不得不付款才得以脱身。

这并不是一件单纯的宰客事件，“天价大虾”的背后暴露的是企业主的诚信存在严重缺失。

当企业发展到一定阶段后，决定企业成败的关键因素，并不是企业的硬件和软件，而是企业的诚信。只有注重诚信的企业才能可持续发展。也只有维护好企业的诚信经营形象，多多积累信用资产，企业才能在未来的综合竞争中获得优势地位。

华旗资讯集团，从中关村小店起家，一路走来，成为民族数码企业中的领头羊，并推出了广为人知的品牌“爱国者”，经受住了市场的考验。而背后支撑华旗人守成的力量，就是他们的诚信经营之道。

华旗资讯集团的老板冯军，清华大学土木工程系毕业后，开始自己创业。

当时，他的外号叫“冯五块”，他专门做那些计算机键盘或者机箱的生意，这些产品的利润小，但需求多，只要有客户，哪怕只能挣到五元，冯军都会蹬着三轮，把自己从正规渠道批发来的产品送上门去。

冯军的产品质量好，信誉好，因此渐渐受到客户的欢迎，冯军也赚到了自己生意上的第一桶金。然而，在20世纪90年代初的中关村里，第二代创业者们开设的数码企业有上千家，在这些企业所开展的业务中，“水货”是一个众所皆知的秘密，基本上没有哪个企业敢说自己未接触过“水货”，不少企业通过经营“水货”产品，比如CPU(中央处理器)和内存条，经常一批产品就能赚到上百万元，冯军虽然也动心过，但他考虑到自己辛苦积攒下来的信用不能轻易失去，因此从没有参与过这方面的业务。

当时，他告诉自己的员工。做生意，效益不仅要提供给企业，还要提供给消费者和社会，不能违背基本的道德和法律。企业这块招牌，只有用诚信才能维护下去，不能轻易浪费和破坏。因此，冯军始终老老实实做着自己的

“五元”生意。

不久后，国家打击“水货”的行动开始了，随着行动的推进，市场环境发生极大变化，中关村的许多企业倒闭了，但冯军的企业不仅没有受到冲击，反而获得了更好的机会，迅速占有了市场中相当大的份额，并开创出了“爱国者”的品牌。

对此，我用四个字来形容冯军——诚信经营。

不只是大众，近年来，大品牌被爆诚信丑闻屡见不鲜。

如今，诚信在社会主义市场经济的竞争中，不仅是一种企业的道德标准和一种市场竞争的能力，更是维护企业运行的重要手段。

企业家不仅需要学会创业，也要珍惜企业已经获得的成功，包括悉心经营起来的诚信口碑。无论企业发展到何种规模，都要将诚信放在自身关注的重要领域上，并贯彻到员工培训的长期过程里，以此来防止企业信用滑坡，导致无形资产流失。

有些企业总会在追求成功的过程中缺失诚信，最终丢掉了胜利的果实。相反，只有脚踏实地地诚信经营，不超越法律和道德的底线，企业才能在激烈的市场竞争中生存下来。

【冬鉴良言】

诚信作为企业无形的资产，并不需要企业家投入大量金钱，更不需要像经营品牌那样砸钱做广告大肆宣传。企业家只需要耐心维护好自己和企业的信用。对企业家个人而言，损失信用这笔财富会令今后的路寸步难行。而企业失去了诚信，不仅会失去大众的认可和信任，还会因此失去发展机会、退出竞争舞台。

新常态下，勇于转型的企业活得久、走得远

目前，我国发展处于重要战略机遇期，中国经济呈现出新常态，经济增速持续放缓，结构调整阵痛凸显，经济结构优化升级，人民生活开启新篇章。在这样的时代背景下，中国企业正在经历爬坡大考验。尤其是传统企业，只有不断推陈出新，专注创新，顺势而为，才能在改革浪潮中破茧成蝶。

说到企业转型，让我想起了一位老友谭总，他总是架着一副黑框眼镜，外形清瘦，头发微微有些凌乱，两鬓微霜，不修边幅眼睛却炯炯有神，有着十足的“工科男”形象。

谭总的企业是做环保业务的，十多年来，谭总的企业拥有水体生态修复的专利技术、多种污水处理设备，企业产品的市场占有率高达60%。尽管如此，企业每年的营业额一直停留在2亿元左右，一时间恐怕难以冲破行业的天花板。

从2017年起，谭总开始尝试新业务转型，尝试进入海量水体生态修复的大市场。该技术主要是通过一系列高科技设备，让污染的河流湖泊自我调节，保持清澈。

2017年年底，带着这样一个战略性转型的敏感话题，谭总召开了员工大会。

然而，一边是拥有核心技术与团队的小公司，一边是拥有巨大现实需求的超级市场，任何项目拿出来都动辄几亿元、几十亿元。

然而，很多政府客户、投资方虽有强烈的购买意愿却没钱，企业该怎样转型？

两个小时的会议结束，谭总被这样一条建议打动：把资本方当客户。在面对水体修复这种大项目时，除了传统的政府客户要维护，还要拓宽资本客户的维度。即在做出令政府客户满意的方案、技术、产品和服务后，还要找到能打动资本方的产品和价值。如此一来，新的商业模式就成立了，新业务与新市场也终究会实现。

带着这样的认识，谭总开启了转型之路。一年后，谭总又在会议上重提当年的这些“转型往事”。

当年那个对资本和金融一窍不通的“工科男”，通过不断优化商业计划书、优化商业模式，做各种各样的路演、报告与宣讲，在今天用行动践行了转型的信念。他根据各类资本客户的特点、诉求、价值点以及可能合作模式进行有效整理；将政府客户与资本客户相融合；扩展新业务可行路径……

谭总企业的转型坚实地在路上。

企业转型之路崎岖复杂，这不仅需要科学的管理方法，和企业家自身的素养也是分不开的。转型需要企业家的热情、气度和决心以及审时度势的眼光，以下几个方法可以助企业转型一臂之力。

1. 放眼产业价值

经营企业，企业家通常都将目光锁定在企业生产的产品上，注重的是产品的价值。

如今，企业家在重新思考企业战略时，应该放眼整个行业的发展趋势，洞察产业价值，找到更大的蓝海和更高的战略制胜点。

在上面的案例中，如果仅从企业的产品出发，谭总很难撬动环境治理这个庞大的市场。20 世纪 90 年代初 IBM（国际商业机器公司）向服务市场转型时，也是深刻意识到了 IT（信息技术）业正从封闭式走向开放式。企业面对多个产品，做不到独自完成整合。产业趋势需要一个整合服务商来帮助更多的企业，这是 IBM 通过深挖产业价值获得的转型启示。

2. 站在政治经济的“风口”

企业家要准确判断产业机遇，单凭对宏观经济的观察是不够的。企业家还要时刻站在“风口”处，把握国家最新产业政策，这会使你更加容易找到企业未来的发展方向。“风口”的背后往往蕴藏着巨大的产业能量和丰富的政策支持。

3. 培养“资本 + 思维”

企业家要尝试转变过去“只是把资本思维当成企业扩张的力量，而不是商业模式本身的力量”的观念。产业思维，就要求企业家具备“资本 + 思维”，突破资本客户，企业就不会为钱所困，错失良机。

4. 坚持使用科学方法论

成功的企业家创业时大多过五关斩六将，但很多人都疏于将当初的经验沉淀并总结成可传承的方法论，更别谈方法论的迭代。因此，当企业家面对利益相关者时，若展现出其系统思维的专业，将令更多人信服、追随。

5. 用平台化思维审视产业

企业之间的竞争，已经告别了原来的单打独斗和供应链之间的较量，行业的领头羊都在朝着平台化的方向发展。互联网会将传统的产业界限变得越来越模糊，跨界不再新鲜。作为转型设计师，企业家要用平台思维来审视产业，创新商业模式。

6. 培养企业家的胸怀和格局

上述一切转型的修炼，最终都可以归结为企业家素养的重塑。企业家只有胸怀更高境界、更大格局才能真正引领企业脱颖而出。

【冬鉴良言】

正所谓“修身，齐家，治国，平天下”，放在现代商界，修身齐家是企业家安身立命的根本。修身是企业家个人能力的拓展，齐家是企业家处理内部事物、扩张资本、参与竞争的手段。唯有经过不同阶段的洗礼，企业家才能逐渐成长、蜕变，成为企业真正的领路人。

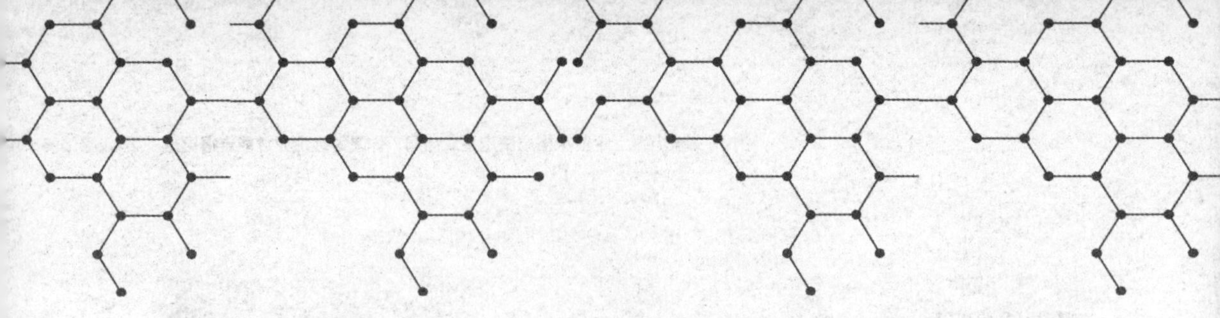

第十六章 成功往往源于最朴素的坚持，像经营自己的人生一样经营企业

精雕细琢，用一生的时间做好一件事

内蒙古蒙牛乳业（集团）股份有限公司（简称：蒙牛）创始人，企业家牛根生这样总结自己成功的秘诀：一生只做一件事。

牛根生表示，工作几十年来，自己只干了一件事：种草、养牛、挤牛奶。养牛时做的是这件事，当工人时做的也是这件事，自己创业后做的还是这件事。在蒙牛厂区，最大一块标语牌写的是“聚精会神搞牛奶，一心一意做雪糕”。它时时提醒自己要进行战略聚焦。

牛根生坦言，成立蒙牛之后，无数的所谓“专业人士”向他推荐，一会儿说投资这个产业好，一会儿说那个产业好……面对所有诱惑，他都坚守乳业，不为所动。

不仅如此，即便在同行业乳业里，牛根生也尽可能采取聚焦策略，而不是广泛撒网。

蒙牛成立最初的几年，只做六七个产品。

有一次，牛根生去酒泉参观一家乳制品企业。其展览室琳琅满目，陈列着四十多种产品。

随行的人还很不高兴地责怪牛根生："你们才做六七种。"

牛根生只是笑了笑没说什么。

等双方在会议室里会谈的时候，酒泉的老总美滋滋地说："去年我们销售额5万多元，今年的发展态势一片大好，我计划做到48万元的销售额！"

牛根生叹了口气，心想：他们40多个产品全年销售额才48万元，虽然我只做六七个产品，但我可以销到2亿多元。

牛根生坦言："做产品，最需要讲究的就是'优生优育'。生下羊，哪怕一窝也不值钱；生下虎，哪怕一只也大有本事！"

◇◇

放眼世界，但凡成功的企业，大多以专注一业为主。正如乳制品行业，其实每个产品线都有世界500强的企业在做。牛奶有帕玛拉特，奶粉有阿拉福兹，酸奶有达能，冰激凌有和路雪……如果这几种你什么都想做，就意味着你的企业每天都在和多个世界500强对打。和一个竞争对手唯恐不胜，更何况是同时和多个高手交锋呢？

越智直正在其著作《一生一事》中表示：人在一生当中只要坚持做好一件事就算是成功了。

在日本有"寿司之神"著称的小野二郎，已经90多岁高龄，大半生都在用心做寿司，他对寿司所注入的精神、技巧和情怀，在寿司界绝对是世上第一。

一个企业、一个组织、一个团队，如果齐心协力聚焦只做一件事，做成功的可能性就比较大。同理，企业家这个"领头雁"如果不能做到专一、专注、专心、专业，什么都想尝试，恐怕到头来，每个领域你最多也只是个二流角色，甚至运气不佳做得不好还会沦入三流、末流。

迄今为止，经营企业成功的方法很多，但有一条却屡试不爽：聚焦。一生做好一件事，足矣！

不知大家是否还记得我们在前面探讨的工匠精神。一生做好一件事的态度也是工匠精神的体现。

我的一位友人冯某，目前是杭州某建筑企业的董事长。

一个偶然的机会联系到他，我这才得知，他从毕业开始就从事建筑行业，一直做到现在。最初，他只是一名再普通不过的建筑工人。

冯某感慨，当一名建筑工人很不容易，干的是粗活累活，却需要一颗沉淀下来的心，否则是无法静下心来好好干活的。用他自己的话说，“工作是自己的，无须应付差事。我们不仅要做一行爱一行，做出名堂来，还必须对自己和企业负责，这样才能对家庭、社会负责。既然做一件事，就要全力以赴，做到最好，哪怕要为此付出一生的时间。”

做一件事就要做到最好。企业家只有做到别人无法替代的程度，把经营企业当作生命中的作品，才能在经营好企业的同时，成就最好的自己。

对企业家而言，此生最大的事业就是经营好自己的企业，而要经营好企业就要坚持匠人精神，用一生的时间去坚守品质这件事，以下是给各位企业家朋友的些许建议。

（1）提升自我修养，企业产品就是企业家人格魅力的体现。所以，一定要做对得起自己良心的产品。

（2）不是你选择了企业，而是企业选择了你。经营企业没有捷径可走，企业家必须恪守正道、严于律己，不断提升自己的竞争力。

（3）不断改进管理、生产、销售模式，这是经营企业成败的关键。

（4）在变化中自我精进，在精进发展中坚持自我。

（5）努力经营好自己和企业的同时，永远相信梦想。

【冬鉴良言】

经营企业，

不要因为一次失败就垂头丧气。

失败应该让你越挫越勇，

不要忘了你最初的梦想。

今天你所做的一切都是在为明天的成功铺路，

不是你没有条件成功，不是你比别人差，

而是你什么都想尝试，什么都做得不好。

企业家应尝试聚焦，一生做好一件事。

坚持的人总会有收获，

成功总会青睐有准备的你！

以工匠之名，用爱与责任守护企业的荣光

踏入培训行业这些年来，我有幸认识许多参与我课程的成功企业家和高层管理人员。他们刻苦努力、孜孜不倦，在自己的岗位上为企业、为社会做出过很大的贡献。

仔细分析一下我的这些学员，除了在职的普通员工，其余大概可以分成两类人。

一类是职业经理人，不论从事何种行业、经营什么性质的企业，他们都将工作看成一种职业，也势必会为自己的职业生涯和企业所定下的目标负责。

另一类是企业家，他们充满激情，把经营企业当成自己一生的事业，就像

我们在前面讲到的匠人那般，以工匠之名，不断突破自我、接受挑战，不断引领企业走向新的高度。

一家企业的好口碑，与企业家自身的影响力也是分不开的。对企业而言，创造好口碑不是目的，发现市场需求、获得消费者信息反馈、减少企业负面口碑、促进正面口碑的传播才是最终目的。企业家也要经常反思“众口铄金、积毁销骨”的道理，以身作则，用爱和责任守护企业的荣光，这样企业家才能率领企业不断迈向新的台阶。

浙江吉利控股集团，资产总值超过2000亿元，在2017年度《财富》杂志世界500强排行榜中，浙江吉利控股集团以314.298亿美元的营收位列第343位，与2016年相比攀升67位，这也是其自2012年首次进入榜单以来连续6年进入世界500强，连续14年进入中国企业500强，它更是我国汽车行业10强，是国家“创新型企业”和“国家汽车整车出口基地企业”。能取得这样的成绩，与企业的最高领导者是分不开的。

李书福坦言，现今一提到工匠精神，大家普遍想起的都是德国、日本，尤其是汽车领域。似乎对中国人而言，工匠精神还有些格格不入，但其实它可以在我们每个人的身上、从细微处体现出来。在他眼中的工匠精神就是“无论干哪一件事情，都不能浮躁，不能急于求成”。他认为必须要静下心来，要能够耐得住寂寞，经得起诱惑。工匠精神的本质是一种付出，是一种责任，它是理想和追求。为中国制造，为浙江制造能够添砖加瓦。这是时代赋予的使命，也是国人赋予的重托。要把这个事情做得很精致，经得起历史与时间的检验，让用户挑不出毛病，非常满意地去使用各种产品。

就像家电行业的海尔、电信行业的华为一样，在李书福心中，始终有一个理想，汽车是制造业的一部分，而制造业是国家经济的一部分，作为企业家，李书福希望承担起自己的责任，真心希望国人为拥有国有品牌吉利汽车而感到自豪，同时也希望通过自己身体力行，让中国品牌成为中国制造的新名片。

放眼中国当今企业家，太多人急于求成，在工匠精神这方面有一些缺失。

工匠精神是长年累月积累起来的，它是一种经验的累积，更是大家相互协同，共同合作的结果。具体到企业经营上，所谓的工匠精神，就是要把每一个细节都做得无可挑剔，把每一个客户都服务得满意，让每一个员工都可以依托企业获得成长。而企业家的成长则源于那份初心，那份最朴素的坚持，像经营自己一样经营企业。

1. 经营自己的心：一切美好皆源于感恩

人很奇怪，你不感恩，就不顺利；你不承担责任，就不成长；你不付出，就得不到；你没有爱心，就没有人爱你。

如此一来，便得出人生的规律，“感恩 = 顺利，责任 = 成长，付出 = 得到，爱心 = 快乐”。原来生活如此简单，你希望自己好运，就祝福别人好运。一切美好，皆源于一颗感恩的心。所以，企业家要时常感恩，感恩生命中所有的相遇，感恩这一路上所有的人，因为没有他们就没有企业。

2. 经营企业品牌：企业最大的资产就是品牌资产

一家企业最大的资产就是品牌资产，而模式和产品功能都是企业连接客户的载体。

品牌资产一旦被认可，产品功能和模式将被无限放大，因此品牌建设决定了一家企业未来的走向。

品牌资产更是企业遇到风险时，抵御风险的最佳利器。

3. 用爱筑企，相信自己的力量，一切都是最好的安排

你相信什么，就会吸引到什么，这叫“心想事成”。

你怀疑什么，什么就会与你擦肩而过，这叫“不信则无”。

你抱怨什么，什么事就在你身上发生，这叫“怕什么来什么”。

企业家会在很多时候面临机会和挑战，能与不能在一线之间，然而结果往往会像你相信的那样，这叫“意识决定了结果”。

最后，请相信自己的力量！永远相信美好的事情即将发生，一切都是最好的安排。

不忘初心，方得始终。

【冬鉴良言】

当我们心中有爱时，所见的都是光明，所说的都是善良；

当我们心中有魔时，所见的都是黑暗，所说的都是邪恶。

如果我们对这个世界充满了怨气，那么这个世界怎么可能给予我们快乐与幸福？

所以，不要给自己的冷漠找理由。

在经营企业的过程中，

不管有多少障碍，也应该坚持我们善良的本心；

不管有多么无奈，也应该敞开我们宽容的胸怀；

不管有多少困难，也应该用爱与责任守护企业。

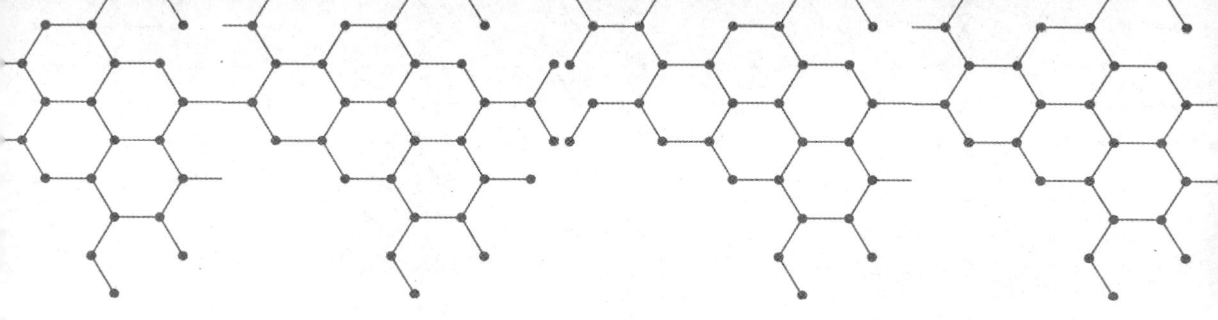

附录 1 行动证明一切——那些年，我服务过的企业概览

以下是近几年我服务过的企业概览（见表 1）。

表 1　服务过的企业概览

时间	企业
2010 年—2018 年	马克华菲女装、海澜之家男装、阿迪达斯体育、六桂福珠宝、星期天火锅、大世界家居等 20 多家品牌店铺
2010 年—2018 年	辽宁兴隆大家庭商业集团、黑龙江华辰商贸集团、内蒙古大东方商贸有限公司、加格达奇丽水春城购物中心等 30 多家大型集团（公司）企业
2010 年—2018 年	大润发、世纪华联、家得乐超市、庆客隆超市、亿客隆超市、好买得超市等 50 多家商超店铺
2010 年—2018 年	火狐狸（衣世界 / 千嘉惠 / 衣百汇）服装批发城全国连锁机构：哈尔滨店、沈阳店、长春店、呼和浩特店、济南店、石家庄店、西安店、兰州店、乌鲁木齐店等 100 多家服装店铺
2016 年 7 月—2016 年 12 月	成功孵化葫芦岛市家家婆餐饮服务有限公司“家家婆老汤剁馅灌汤饺 18 元 / 位自助饺子”全国连锁加盟项目，现全国加盟连锁店已达 150 多家

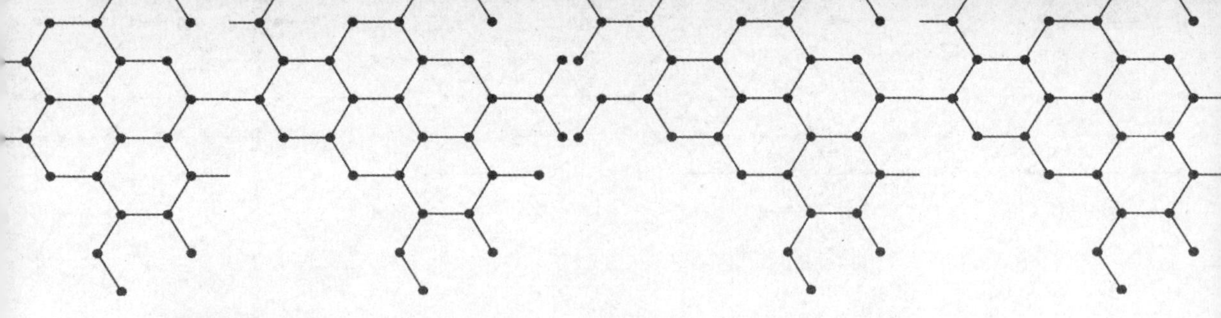

附录 2 冬感暖心良言——这些年，我用言语报答爱

1. 何为奋斗者

第一，必须认同公司的核心（价值观）；

第二，必须有强烈的进取心；

第三，对工作抱有责任心；

第四，必须有爱心、善心；

第五，必须有谦卑之心，

除了做出很好的业绩，还必须敬畏规则。

2. 一切成交都是为了爱

爱是传递的，当我们每一天都是阳光的、积极的，我们的员工会被感染！

同时他会把这种状态，传递给我们的顾客！

顾客感受到温暖，有家的感觉！

接受我们，认可我们！

成交就是顺带的事！

一切成交都是为了爱！

3. 人才为什么会被竞争对手挖走

（1）薪酬优势难以抵挡（薪酬永远是吸引人的一个重要指标）。

（2）竞争对手提供了更好更多的发展机会，这可能比高薪更加有诱惑力。

（3）领导原因，如领导方式员工不满意，不能给员工提供真正的帮助，观念不一致等。

（4）公司机制不公平，员工的付出与回报不平衡。

（5）对员工不尊重。

4. 企业经营的商业模式就是如何赚钱

（1）谁付你钱——客户。

（2）给客户什么好处——价值。

（3）如何让客户掏钱——营销。

（4）你如何将价值送达客户——渠道。

（5）你如何做——主要任务。

（6）你缺少什么——资源。

（7）谁能帮助你——合作伙伴。

（8）你有多少种赚钱方式——产品线。

（9）你需要花费多少才能赚到钱——成本结构。

5. 交谈的七条黄金法则

（1）先听后说，不抢话，不急于表达自己的看法。

（2）注意自己的身体语言，放轻松并自然地传递信息。

（3）在正式场合发言之前打个草稿。

（4）知己知彼，百战不殆，了解听众的需求。

（5）提供解决问题的方法，而不是制造更多问题。

（6）排除恐惧感，自信地表达意见。

（7）怀着一颗善良诚恳之心，怎么样都不会谈崩。

6. 机遇和命运

（1）智者创造机遇，强者抢抓机遇，弱者等待机遇，庸者坐失机遇。

（2）弱者依赖命运，勇者创造命运，庸者静观命运，智者改变命运。

（3）如果一个人怕重任、怕承担、怕辛苦，则永远不会进步；如果一个人怨天地、怨命运、怨他人，则永远没有作为。只要不甘于现实平庸，努力奋斗便会改变人生方向。

7. 改变的力量

（1）改变很痛苦，改变以后很快乐。越改变越痛苦，越痛苦越强大，越强大越快乐！

（2）改变的三种方式：自我改变、相互改变、被逼改变。

（3）有效改变的八大关键：意念要坚定，方向要明确，思路要清晰，措施要得力，标准要高，原则要捍卫，方式要得当，软硬要兼施。

8. 手表定律

一个人有一块表时，可以知道现在是几点钟，而当他同时拥有两块显示时间不一致的表时却无法确定时间。同理，对同一个人或同一个组织的管理不能同时采用两种不同的方法。甚至同一个人不能由两个人来同时指挥，否则将使这个人无所适从，其行为将陷于混乱。

9. 如何解决拖延症

拖延症，简单而言，是将事情往后推迟。拖延症总是表现在各种小事上，但日积月累，终会影响大的发展。克服拖延症有如下步骤。

（1）意识到拖沓的重大危害。

（2）把拖沓的原因一条条写出来。

（3）一条条克服。

（4）开始做事。

10. 要做事，先做人

（1）人的才华就像海绵里的水，没有外力的挤压，它是不会流出来的。

（2）退一步如果不能海阔天空，那就多退几步；忍一时如果不能风平浪静，那就再忍几分。

（3）凡事要三思，但比三思更重要的是三思而后行。

（4）在你成功地把自己推销给别人之前，你必须百分之百地把自己推销给自己。

11. 如何规划你的一天

（1）找到你一直想学或想提高的东西。

（2）制订一个每天半小时的可行性学习计划。

（3）有效利用碎片时间，比如上下班路上的时间。

（4）如果计划受阻，别苛求自己。放宽时限，继续努力就行了。

（5）每过几个月回顾自己的进步，你会发现积少成多。

（6）保持耐心与恒心，罗马不是一天建成的。

12. 论企业品牌的重要性

（1）一家企业最大的资产莫过于品牌资产，而经营模式和产品功能都是企业连接客户的载体。

（2）品牌资产一旦被认可，产品功能和经营模式将被无限放大，因此品牌建设决定了一家企业未来的走向。

（3）品牌资产更是企业遇到风险时，抵御风险的极佳利器。

13. 管理应从何开始

不管是建立系统，还是开会激励，员工的原动力问题没有解决，一切的管理都没有意义。无论是薪酬，还是培训晋升，核心的目的就是不断激发员工原动力。而员工的原动力真正来自：

（1）梦想。

（2）收入。

（3）成长。

（4）机会。

（5）认同。

（6）文化。

14. 解读成功

成功不是你拥有了多少，而且你帮助了他人多少，有多少人因你而成长，又有多少人因你而感动，海峰人传播爱传播正能量，2019 年将继续帮助更多人、更多企业成功！

15. 以结果论英雄

任何事最终看的是结果，以结果论英雄，结果不好苦劳只是徒劳，结果好才是功劳！尽力而为、顺其自然是对自己和他人的不负责任！做事就要全力以赴，不达目的不罢休。如果没有结果，就要换一种方式去达成结果！要高效快捷地完成每一件事！

16. 人才与庸才

所谓人才，就是你交给他一件事情，他全力以赴做成了；你再交给他一件事情，他又千方百计完成了。所谓庸才，就是你交给他一件事，他不但没有做成，还找理由说是因为别人才没做成，并声明和他本人无关。一个是做，一个是说；一个不想退路，一个找好退路；一个全力以赴，一个瞻前顾后。人才，从来不是淘汰下来的，而是淘汰后活下来的。

17. 想要业绩暴涨，就先学习

别人之所以喜欢你，是因为你是别人希望成为的人。

别人之所以讨厌你，是因为你的言谈举止让人不舒服。

因此，要让人际关系变好，必须先强大自己。

想要恋爱成功，就先让自己变得更好。

想要升职加薪，就先提升自己的能力。

18. 这是精英创业的时代

中国已经进入了一个精英创业时代，当一个好老板必须具备以下几项能力，看一下你有“几把刀”吧。

（1）对内。

团结人的能力；

定战略的能力；

精神领袖的能力。

（2）对外。

品牌打造能力（讲故事）；

资源整合能力（优化系统）；

营销能力（收钱）。

19. 思维决定状态

一个月挣 3000 元，你怎么节约也只有 3000 元；

一个月挣 2 万元，你花掉 1 万元，还有 1 万元；

一个月挣 30 万元，你花掉 5 万元，还有 25 万元；

一个月挣 100 万元，你花掉 20 万元，还有 80 万元；

所以，不要把脑细胞浪费在天天怎么节约上；

一定要把心思，放在怎么赚钱，怎么投资上。

与其降低你的开支，不如尝试增加你的收入！

思维一变，市场一片！

终于我也完成了本书的创作，纵有不舍，也要和各位读者朋友挥别。此刻，请允许我送上自己的祝福：

每份祝福都是传递爱，2019 年，美好的一年开始了，每位重要的人，每位帮助和支持我的人，我都记着你们的名字！

愿 2019 年，所有的朋友们，身体健康、万事如意、家庭和美、事业兴旺、财源广进！海峰人——传播爱传播正能量！

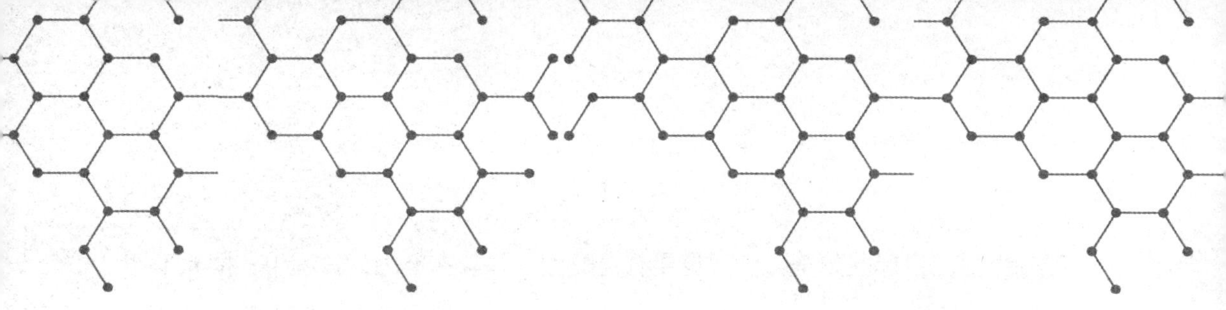

后　记
愿每位企业家都有一颗素直的心

把自己的企业做大、做强、做优是很多企业家的理想，也是他们为之奋斗一生的事业。然而在当下浮躁盛行的现实世界，企业发展切不可操之过急。

有一些企业，起初因为经营得当，做得风生水起，一切非常顺利。虽然比不上营业额动辄上亿元的大企业，却也始终盈利。于是，企业家坐不住了，认为企业发展趋于成熟、稳定，钞票将不断地大把入账。蓝图一天天变得宏伟，企业家的欲望一天天膨胀，心也随之腾空，整个人飘飘然。接着，便是大肆扩张，开设分公司、子公司，主营业务由少至多，辐射各个领域。待到年终清算时，企业家才发现，明明大干一场，业绩还下降了。殊不知，自己早已忘记当初成立企业时的初心。企业家不妨扪心自问：最初的目标，最初的主营业务，现在还在吗？做得还是那样完美吗？

当然，每个企业发展时所面临的问题、影响因素各不相同，我们也不能以偏概全。只是，在本书结束时，我想要寄语各位企业家朋友：请永远保持一颗素直的心。

“素直”这个词源自日本，意思就是坦白、纯真、诚恳，日本知名企业家松下幸之助在《经营的本质》一书中提到该词，这不只是松下先生的内心独白，也是企业家的经营之道。

说白了，素直的心就是指我们做事时要心无旁骛，要专一，不能杂念丛生、瞻前顾后。目标既要符合实际也要有前瞻性，并且在努力的过程中，摒弃不切实际的想法和行动，脚踏实地一步一个脚印地实现目标，创造奇迹。

企业从默默无闻到成为明星企业，在这段漫长而艰难的旅途中，不管是企业还是企业家本身，总会遇到各种难题。实际上，你困难大家都困难，可能有人比你还困难；物极必反，最困难的时候，往往也意味着转机的来临；所有的困难都要靠企业家积极的态度和理智的头脑去解决。

“做最素直的事，行最宽广的路。”

松下先生的信条同样适用于各位企业家朋友。不管是在企业经营中还是人生道路上，只有回归素直的心，未来的发展之路才会无限宽广。

这个世界上有梦想的人很多，

但是敢把梦想告诉别人的人不多；

这个世界上有目标的人很多，

但是敢把目标告诉别人的人不多。

敢于把梦想和目标告诉别人，就是你自信的表现，也是你成功的开始……

最后，衷心希望各位企业家和广大读者朋友都能把梦想切割成目标，把目标落实成计划，根据计划采取行动。

祝大家在不远的未来都能取得更大的成功。